लफ़्ज़ों का संगम

लफ़्ज़ों का संगम

नाज़रीन अंसारी

प्रभात
पेपरबैक्स
www.prabhatbooks.com

प्रकाशक
प्रभात पेपरबैक्स
प्रभात प्रकाशन प्रा. लि. का उपक्रम
4/19 आसफ अली रोड, नई दिल्ली–110002
फोन : 23289777 • हेल्पलाइन नं. : 7827007777
इ–मेल : prabhatbooks@gmail.com ❖ वेब ठिकाना : www.prabhatbooks.com

संस्करण
प्रथम, 2023

मूल्य
दो सौ पचास रुपए

मुद्रक
आर–टेक ऑफसेट प्रिंटर्स, दिल्ली

★

LAFZON KA SANGAM
Poems by Smt. Naazrin Ansari

Published by **PRABHAT PAPERBACKS**
An imprint of Prabhat Prakashan Pvt. Ltd.
4/19 Asaf Ali Road, New Delhi-110002

ISBN 978-93-5521-397-6

₹ 250.00

मैं ईश्वर के प्रति कृतज्ञता
और
बहुत-बहुत धन्यवाद व्यक्त करती हूँ।
मैं इस पुस्तक को अपने
दिवंगत माता-पिता
को
समर्पित करती हूँ।

लफ़्ज़ों का संगम

अभी तो यह शुरुआत है, बहुत दूर तक जाना है।
शब्दों की बनाकर माला, सबके मन को हरना है।
मेरी कविताओं से मुझे अपनी नई पहचान बनाना है।
भावनाओं में इतना ग़ुबार है, सबकुछ निकालना है।
पर्वत की ऊँची सतह पर, अपना परचम लहराना है।
लफ़्ज़ों से जज़्बातों को जोड़कर संगम कराना है।

—नाज़रीन अंसारी

दिल्ली विद्युत विनियामक आयोग
Delhi Electricity Regulatory Commissio

दिनांक 7.09.2022

जस्टिस शबीहुल हसनैन 'शास्त्री'
अध्यक्ष
Justice Shabihul Hasnain 'Shastri'
Chairperson

शुभकामना संदेश

श्रीमती नाज़रीनजी के द्वारा लिखी पुस्तक, जिसका शीर्षक 'लफ़्ज़ों का संगम' है, के सफलतापूर्वक प्रकाशन के लिए आपको तहेदिल से शुभकामनाएँ देता हूँ। आपकी कविता 'कल्पना' का एक शे'र—

"सपने बुनोगे, तभी उनको पूरा करने का हुनर आएगा,
कभी अपने को किसी से छोटा न आँकना"

बहुत ही जोशीला एवं प्रेरणादायक है और समय की आवश्यकता है। यह भारत के कर्णधारों को आगे बढ़कर आसमान छूने का साहस देगी। मैं आशा करता हूँ कि आपकी यह पुस्तक सभी के हृदय को मार्मिक स्पर्श का अनुभव कराएगी और आप इसी प्रकार आगे भी अपने लेखन के भावनात्मक अनुभवों को पुस्तक के माध्यम से पिरोकर अपने प्रशंसकों को अवगत कराती रहेंगी।

शुभकामनाओं सहित,

(जस्टिस शबीहुल हसनैन 'शास्त्री')

Viniymak Bhawan, C-Block, Shivalik, Malviya Nagar, New Delhi-110017
Tel. : 011-26673602, Fax : 011-26682147,
e-mail : chairman@derc.gov.in, Website : www.derc.gov.in

सतीश उपाध्याय
उपाध्यक्ष
Satish Upadhyay
Vice Chairman

आज़ादी का अमृत महोत्सव

नई दिल्ली नगरपालिका परिषद्
NEW DELHI MUNICIPAL COUNCIL
पालिका केंद्र : संसद मार्ग, नई दिल्ली–110102
Palika Kendra, Sansad Marg, New Delhi-110102

शुभकामना संदेश

श्रीमती नाज़रीन, आप लेखन के क्षेत्र में अपना पहला क़दम रख चुकी हैं और आपके द्वारा रचित आपकी पहली पुस्तक 'माँ'—एक बेटी के अहसास की कहानी, माँ से मेरे रिश्ते का अनुभव—सफलतापूर्वक प्रकाशित हो चुकी है और इस पुस्तक का अनुभव मैं कर चुका हूँ, जो कि बहुत ही गहराई से लिखी गई है।

आपके द्वारा रचित इस पुस्तक, जिसका शीर्षक 'लफ़्ज़ों का संगम' के सफल प्रकाशन के लिए मैं हार्दिक शुभकामनाएँ देता हूँ। मुझे विश्वास है कि आप लेखन के क्षेत्र में सफल हो निरंतर आगे बढ़ती रहेंगी।

मैं आशा करता हूँ कि आपके द्वारा रचित इस पुस्तक 'लफ़्ज़ों का संगम' से भी सभी पाठक लाभान्वित होंगे एवं भविष्य में आप अपनी रचनात्मक प्रतिभा से पाठकों को अवगत कराती रहेंगी।

मैं आपके उज्ज्वल भविष्य की कामना करता हूँ।

शुभकामनाओं सहित,

(सतीश उपाध्याय)

Tel. : 91 11 23360065, e-mail : satishupadhyay161@gmail.com. twitter : @upadhyaysbjp

Chanchal Yadav, IAS
Director (Security)

सत्यमेव जयते

भारत सरकार
GOVERNMENT OF INDIA
गृह मंत्रालय
MINISTRY OF HOME AFFAIRS
NORTH BLOCK
NEW DELHI-110001

शुभकामना संदेश

श्रीमती नाज़रीनजी के द्वारा लिखी पुस्तक, जिसका शीर्षक 'लफ़्ज़ों का संगम' है, के सफलतापूर्वक प्रकाशन के लिए आपको तहेदिल से शुभकामनाएँ देती हूँ। मैं आशा करती हूँ कि आपकी यह पुस्तक सभी के हृदय को मार्मिक स्पर्श का अनुभव कराएगी और आप इसी प्रकार आगे भी अपने लेखन के भावनात्मक अनुभवों को पुस्तक के माध्यम से पिरोकर अपने प्रशंसकों को अवगत कराती रहेंगी।

शुभकामनाओं सहित,

चंचल

(चंचल यादव)
निदेशक (सुरक्षा)
गृह मंत्रालय, भारत सरकार

विशाखा शैलानी
सदस्य
Vishakha Shailani
Member

आज़ादी का अमृत महोत्सव

नई दिल्ली नगरपालिका परिषद्
NEW DELHI MUNICIPAL COUNCIL
3rd Floor, Palika Kendra, Sansad Marg,
New Delhi-110001

शुभकामना संदेश

आपके द्वारा रचित 'लफ़्ज़ों का संगम' शीर्षक की पुस्तक के सफल प्रकाशन के लिए मैं हार्दिक शुभकामनाएँ देती हूँ। इससे पहले भी आपकी पुस्तक 'माँ'—एक बेटी के अहसास की कहानी, माँ से मेरे रिश्ते का अनुभव—पुस्तक सफलतापूर्वक प्रकाशित हो चुकी है, जिसको मैंने पढ़ा है और लेखन का अहसास भी किया, जो बहुत ही गहराई से लिखी गई है।

मुझे आशा ही नहीं, पूर्ण विश्वास है कि आपके द्वारा रचित इस पुस्तक 'लफ़्ज़ों का संगम' से सभी लाभान्वित होंगे एवं भविष्य में आप अपनी रचनात्मक प्रतिभा से अवगत कराती रहेंगी। मैं आपके उज्ज्वल भविष्य की कामना करती हूँ।

(विशाखा शैलानी)

भूमिका

मेरा नाम **नाज़रीन अंसारी** है और मैं एक लेखिका हूँ। मेरा जन्म 30 अक्तूबर, 1977 को मुंगरा बादशाहपुर (ज़िला–जौनपुर) क़स्बे में हुआ था। मैंने अपनी स्कूली शिक्षा वहाँ के सार्वजनिक कॉलेज से प्राप्त की थी। मैंने उच्च शिक्षा में पोस्ट–ग्रैजुएट (एजुकेशन) की शिक्षा प्राप्त की है। मेरे हिंदी के शिक्षक हमें हिंदी बहुत अच्छा पढ़ाते थे। वे जिस तरह से दोहे का अर्थ समझाते थे, वह बहुत प्रशंसनीय था। उनका इतना अच्छा समझाना, मेरे हृदय में बस जाता था। मैं दोहों का अर्थ बहुत अच्छा लिखती थी। हिंदी हमेशा से मेरा पसंदीदा विषय रहा है। मैंने माँ के लिए अपनी पहली पुस्तक लिखी, जिसका शीर्षक था **'माँ'—एक बेटी के अहसास की कहानी, माँ से मेरे रिश्ते का अनुभव।** इस पुस्तक से मेरे लेखन की शुरुआत हुई। मेरी प्यारी माँ के निधन के बाद मैं बहुत परेशान थी। उनके जाने की अत्यंत पीड़ा ने मुझे बहुत आहत किया। माँ के गुज़र जाने के दर्द से मैं इतना आहत हुई कि बरसों से जो मेरे दिल में लिखने का ख़याल चल रहा था, सामने आ गया। क़लम बेताब हो गई कि तुम्हें अब लिखना ही है, क्योंकि कल कभी नहीं आता। लिखना चाहती हो तो शुरू करो, अपनी भावनाओं को लेखन की ओर मोड़ना शुरू कर दो। बस इतना ही और मैं माँ के लिए लिखने बैठ गई। मन की शांति के लिए अपनी भावनाओं को व्यक्त करना मेरे लिए बहुत ज़रूरी था और इसी तरह मेरी माँ के जाने के ग़म ने मुझे 'लेखिका' बना दिया। यह मेरी दूसरी पुस्तक है, जिसका शीर्षक है—'लफ़्ज़ों का संगम'। इस पुस्तक में मैंने अपनी भावनात्मक कविताओं की रचना की है। मैंने अपनी पिछली पुस्तक 'माँ' में बताया था कि मेरी पुस्तक में हिंदी और

उर्दू दोनों भाषाएँ हैं। इसी तरह इस पुस्तक में भी मेरी दोनों पसंदीदा भाषाओं का समावेश है। मुझे आशा है कि आप इस पुस्तक को अवश्य पढ़ेंगे। मुझे विश्वास है कि मेरी यह पुस्तक निश्चित रूप से आप सबके दिलों में अपनी जगह ज़रूर बनाएगी। मैं आगे भी अपने लेखन द्वारा निरंतर आपको प्रफुल्लित करने का प्रयास जारी रखूँगी।

—नाज़रीन अंसारी

आभार

मैं इस पुस्तक में मेरा सहयोग करने के लिए मेरे पति की बहुत–बहुत आभारी हूँ। कंप्यूटर में संगृहीत करने में मेरे साथ उनका पूरा सहयोग रहा है। बच्चों ने भी थोड़ी मदद की है। मेरे पति दिनभर अपने कार्यालय से थके हुए आते थे, फिर भी रात को एक–दो घंटे मेरे साथ बैठते और हम दोनों कंप्यूटर में सबकुछ संगृहीत करते थे। मैं जितना भी उनका आभार व्यक्त करूँ, कम है। पति के रूप में वे मेरे सबसे अच्छे दोस्त, सलाहकार और सहयोगी हैं। मैं लिखती हूँ, मेरा परिवार मुझे बहुत प्रोत्साहित करता है। अच्छा लगता है, बहुत खुशी होती है, जब आपके काम को सराहा जाता है। मैं अपने पति का इतना सहयोग देने के लिए तहेदिल से उनकी शुक्रगुज़ार हूँ। मैं लिखती रहूँ और आप मेरे सहयोगी बनकर हमेशा मेरे साथ चलते रहें, साथ देते रहें और हमेशा हमारा साथ ऐसे ही बना रहे, बस मालिक से मेरी यही दुआ है। आमीन! मैं आप सब पाठकों की बहुत–बहुत आभारी हूँ। आप सबने मेरी पहली पुस्तक को प्यार दिया, बहुत प्रशंसा की और आपको मेरी पुस्तक पसंद आई, इस बात से मुझे बहुत ख़ुशी मिली। आप सबका प्यार और आशीर्वाद हमेशा मेरे साथ बना रहे, यही मुझे लेखन में आगे बढ़ने के लिए प्रेरित करता रहेगा। धन्यवाद!

अनुक्रम

संदेश — *7–13*

भूमिका — *15*

आभार — *17*

1. मालिक — 23
2. नीर — 24
3. काश, हम कभी बड़े न होते — 25
4. जन्नत — 26
5. बीते हुए पल — 27
6. ईद का चाँद — 28
7. बेटियाँ — 29
8. आँचल — 30
9. स्तंभ — 31
10. गुल्लक — 32
11. ससुराल — 33
12. संगीत — 34
13. त्योहार — 35
14. देश के जवान — 36
15. मज़ार — 37
16. कविता — 38
17. सहेलियाँ — 39
18. संघर्ष — 40
19. ख़ामोशी — 41
20. प्रेम — 42
21. क्रोध — 43
22. लहरों पर नाव — 44
23. दादी–नानी — 45
24. नारी — 46
25. भूल — 47
26. हीरा — 48
27. नज़र का टीका — 49
28. आराम की मसहरी — 50
29. धीरज — 51
30. पंख — 52
31. चौमुखी सा जीवन — 53
32. फ़रिश्ते सा मन — 54
33. घुँघरू — 55

34.	घूँघट	56	60.	मन	83
35.	भाई	57	61.	दीया	84
36.	कल्पना	58	62.	मेरी दुनिया	85
37.	स्वाभिमान	59	63.	फूल	86
38.	नंबर	60	64.	चाहत	87
39.	भोर	61	65.	थोड़ा सा बचपना	88
40.	संध्या	62	66.	एक कप चाय	89
41.	बारिश	63	67.	हारमोनियम	90
42.	माँ की दुनिया	64	68.	पराया धन	91
43.	घर	65	69.	सावन का झूला	92
44.	एक ऐसी जगह होती	66	70.	उम्र	93
45.	मेरी बेटी	67	71.	कला	94
46.	नीली छतरी	69	72.	आसमाँ की बुलंदी	95
47.	अहंकार	70	73.	चूड़ियाँ	96
48.	सन्नाटा	71	74.	तितली	97
49.	फुरसत के दो पल	72	75.	माफ़ी	98
50.	बंद दरवाज़े	73	76.	ठोकर	99
51.	एकता	74	77.	दया	100
52.	आसमाँ	75	78.	श्वेत रंग का	
53.	मौत	76		काला साया	101
54.	वाणी	77	79.	बच्चा सा मन	102
55.	किरदार	78	80.	फ़ितरत	103
56.	छत	79	81.	मृत्यु शय्या	104
57.	बहनें	80	82.	क़ब्र	105
58.	आँगन	81	83.	विवशता	106
59.	नन्हे-मुन्ने बच्चे	82	84.	भ्रम	107

85. जज़्बात 109
86. मैं लिखती हूँ 110
87. एक नई दिशा 111
88. दायित्व 113
89. आशावादी 114
90. मायका 115
91. प्रेम की मिसाल 116
92. समय 117
93. बच्चे 118
94. जीवनसाथी 119
95. दर्द 120
96. बचपन 121
97. उपवन 122
98. आग 123
99. सपने 124
100. सुकून 125
101. विवाह 126
102. माँ से जुदाई 127
103. विद्यालय का प्रांगण 128
104. हौसला 129
105. फिर से 131
106. नारी–समाज की गरिमा 132
107. धुआँ–धुआँ 133
108. एक झप्पी प्यार की 134
109. हमारी दिल्ली 135
110. फूलों का शहर 136

मालिक

रंक हूँ मैं अपने ख़ुदा के आवाम में,
बंदगी करूँ मैं सूफ़ी फ़क़ीर बनके।
लौ ऐसी लगे, जैसे माटी कहे कुम्हार से,
मैं तुझमें ऐसा रम जाऊँ और मुझे आकार दे।
मेरे मन के हर कोने में छुपे अंधकार को,
ऐ मालिक अपनी इबादत की रोशनी से भर दे।
तराश दो मुझे ओ ख़ुदा, कुछ इस तरह ज़िंदगी में,
पीतल हूँ मैं, मुझे सोना सा निखार दे।
मैं बैठ जाऊँ ईमान की कश्ती में होकर सवार,
मेरी आरज़ू है मालिक, मुझे इल्म से नवाज़ दे।
मेरा इम्तिहान लेना ज़रा रहमो-करम कर के,
आपके बारगाह में जब मुलाक़ात हो आप से।
इतना भी गुनहगार न रहूँ, मुझे ऐसे बेदाग़ कर दे।
पाकीज़गी से मेरे रूह के गुलिस्ताँ को महका दे।
रंक हूँ मैं अपने ख़ुदा के आवाम में,
बंदगी करूँ मैं सूफ़ी फ़क़ीर बन के।

□

नीर

सादा सा जीवन हो पानी के पारदर्शिता की तरह।
हमारे विचारों का समावेश हो निश्छल प्रेम भरा।
पानी का रूप सादा पानी की पवित्रता की तरह।
जीवन भी कुछ इस तरह होता निर्मल भरा।
कितने भी रंग भर दो सबकुछ समेटे इंद्रधनुष की तरह।
अपनी सतह पर मिट्टी को उजागर कर दे यह नीर ऐसा।
किसी भी ढाँचे में ढल जाता यह नीर कोरा ऐसा।
जम जाए जो बर्फ के गोले, फिर बन जाए पानी ही जैसा।
नीर सा हो प्रेम और प्रेम हो नीर सा शुद्धता भरा।
पानी का कोई रूप नहीं, न ही उसे रंग का गुमान।
हर व्यक्ति व्याकुल बगुला सा, उससे ओतप्रोत भरा।
नीरस न करो मन, रहो उस जलमग्न मछली की तरह,
आसपास कितना भी छलावा हो काले सायों की तरह।
मन न मलिन हो, सब हो पावन पर्व भरा।
गंगा सा पवित्र मन हो, पानी की निर्मलता की तरह,
सादा सा जीवन हो, पानी के पारदर्शिता की तरह।

काश, हम कभी बड़े न होते

काश, हम कभी बड़े न होते,
ममता के आँचल में ही छुपे रहते।
यह ज़िम्मेदारियों का बोझ,
यह जीवन की परेशानियाँ।
ज़िंदगी में दर-ब-दर भटकना,
सबकुछ पाना और खो देना।
दो पल का भी सुकून नहीं रह गया,
समय के चक्र में सबकुछ छिन गया।
काश, हम कभी बड़े न होते,
सुबह हुई, रात हुई, यही क्रम चलता रहा।
अपने मसरूफ़ियत में इतना खोते गए,
न वक़्त का पता चला, न उम्र का।
आईना ने हमको लकीरें दिखा दिया,
हर क्षण एक नई पहेली है।
कहीं कुआँ तो कहीं खाई है,
कुछ खट्टा, कुछ मीठा सा जीवन है।
यही जीवन की सच्चाई है,
काश, हम कभी बड़े न होते।

□

जन्नत

ऐ ख़ुदा, आपके जन्नत का नज़ारा क्या होगा ?
उस आलीशान जगह पर, मेरी माँ का मक़ाम क्या होगा ?
मेरी माँ के पैरों में जन्नत है और मेरी जन्नत अब वहाँ है ?
उनके किरदार से सारी फ़िज़ा भी महकती होंगी।
मैं सोच रही हूँ, वहाँ का रौनक़–ए–बज़्म कैसा होगा,
जहाँ जन्नत में मेरी जन्नत का बसेरा होगा ?
वह क़ायनात, वह मंज़र का आलम क्या होगा ?
माँ से मिलने को तलबगार है मेरी रूह,
माँ के आने से ख़ुशबू फैली होगी जिस गुलशन में,
नूर की बरसात जहाँ सुबह–शाम है उस गुलिस्ताँ में,
माँ एक दुआ और ख़ुदा दुआ क़ुबूलने का मसीहा,
ऐ ज़िंदगी, तू अब किसी कमी का मोहताज नहीं होगी।
जन्नत जैसी ख़्वाबगाह में मेरी ममता का शहर है।
ख़ुदा की रहमत और माँ की नायाब शख्सियत,
ओ माँ, आपके क़दमों की बरकत का असर क्या होगा ?
एक जन्नत का जन्नत से रूबरू होने का नज़ारा क्या होगा ?

□

बीते हुए पल

बीते हुए पल आ जाएँ तो क्या बात है।
खट्टे-मीठे वह लम्हें आ जाएँ तो क्या बात है।
वह पेड़ों में रस्सी डालकर झूले से झूलना,
सारे पड़ोसियों के साथ मेला घूमने जाना,
मीलों साथ चलना और थकान न लगना,
पेड़ों की ठंडी छाँव में सखियों संग गीत गाना,
डर नहीं किसी का, देर तक बाहर खेलना,
बीते हुए पल आ जाएँ तो क्या बात है।

हाथों से बनाकर पतंग रंग-बिरंगी,
एक-दूसरे के छत पर जाकर उड़ाना,
पेड़ों पर चढ़कर फल तोड़कर खाना,
हर त्योहार में मोहल्ले का मेला सा लगना,
एक-दूसरे के घर बेहिचक खाना खाना,
एक रोया तो सबका उसे मिलकर हँसाना,
एक पल भी एक-दूसरे के बिना चैन न मिलना,
बीते हुए पल आ जाएँ तो क्या बात है।

□

ईद का चाँद

इंतज़ार ईद के चाँद का कुछ इस क़दर हो गया,
जैसे पिछले चाँद को गुज़रे ज़माना हो गया।
बेसब्री की इंतिहा कुछ ऐसे बढ़ गई, ऐ चाँद!
तेरे दीदार को मेरी आँखें तरस गईं।
चाँद देखने की ख़ुशी, मेरे ईद का सबब।
ईद की ख़ुमारी हर दिल को पुरसुकूँ करती।
ईद की रौनक़ है सब खिले-खिले से लगते,
नए-नए पोशाकों में सब चाँद से चमकते।
सारा आलम जैसे नूर की चादर सी बिछ गई।
चाँद के बिना ईद नहीं और न अपनों के बिना ईद।
घर लगे गुलशन सा, हर कोई महकता फूल सा,
दिल इस क़दर पुरनम हुआ, जैसे पत्तों पर ओस की बूँद।
चाँद के दीदार से दिल में हज़ारों चिराग़ रोशन हो गया,
जैसे हर तरफ़ ख़ुदा की रहमत का ज़ख़ीरा हो गया।
इंतज़ार ईद के चाँद का कुछ इस क़दर हो गया,
जैसे कि पिछले चाँद को गुज़रे ज़माना हो गया।

□

बेटियाँ

हर घर की रौनक़ होती हैं बेटियाँ।
सारे घर में चहकती हैं बेटियाँ।
दिल के बहुत क़रीब होती हैं बेटियाँ।
माँ की प्यारी सखी बन जाती हैं बेटियाँ।
छोटे-बड़े काम में सलाहकार बन जातीं,
हमें भी जीने का मतलब सिखातीं,
दिन-रात काम में रहती हो माँ,
कुछ वक़्त अपने लिए निकालो न माँ!
हमारी फ़िक्र करनेवाली होती हैं बेटियाँ।
न हों यह घर में तो सूना सा लगता है,
हर कोने में सन्नाटा सा पसरा रहता है,
हँसी इनकी घर को गुलज़ार करती है,
इनकी मुस्कराहट से सब खिल जाते हैं,
हर घर की जान होती हैं बेटियाँ।
एक नहीं, दो घरों का मान होती हैं बेटियाँ।
दो घरों को जोड़, एक परिवार बनाती हैं बेटियाँ।
माँ-बाप के लिए पारस होती हैं बेटियाँ।
दिल के चमन को महकाती हैं बेटियाँ।

□

आँचल

माँ, आपके आँचल को पकड़कर खेलना चाहती हूँ।
बचपन के उस पल में फिर से घुसना चाहती हूँ।
आपका डाँटना और फिर प्यार से पुचकारना।
बहुत याद आता है वह आपका बहुमुखी व्यक्तित्व।
पल में हँसना, पल में रोना और पल में सँभलना।
ओ माँ, आपके गले का हार बन आपसे लिपटना चाहती हूँ।
इस बार आप मेरी माँ मत बनकर आना इस दुनिया में।
ख़ुदा से कहूँगी मुझे आपकी माँ बनाकर भेजें इस बार।
आपका कर्ज़ कभी उतर नहीं सकता किसी से।
मैं माँ बनूँ तो शायद कुछ दर्जा हो जाए बराबरी का।
ऐसा नहीं है कि कोई तुलना है आपसे हमारा।
बस थोड़ा सा आपके प्यार की दक्षिणा देना चाहती हूँ।
एक मौक़ा चाहती हूँ कि आपकी सेवा कर सकूँ।
मैं माँ बनूँ, आप बेटी बनें, बस स्वार्थ है मेरा।
जैसे आप मेरे आगे-पीछे घूमती थीं निःस्वार्थ।
मैं भी थोड़ा सा वह पल आपके साथ जीना चाहती हूँ।

□

स्तंभ

पिता हमारे जीवन में एक स्तंभ जैसे,
उनका अस्तित्व घर की मज़बूत नींव जैसे।
वे हैं तो सारे सपने हो जाते हैं सच।
लेकर चलते हैं अनेक भार अपने कंधों पर,
कभी उफ़ नहीं करते, कभी अहसास होने नहीं देते।
चिंता की लकीरें कभी माथे पर आने नहीं देते,
सिर पर छत का अहसास एक पिता से ही है।
अनेक कठिनाइयों को सहते हुए बढ़ते हैं वो।
हमारे रास्ते आसान हों इसलिए अपने पैरों में,
हर डगर पर काँटों को चुभाते चले जाते हैं वो।
प्यार बहुत करते हैं बच्चों को, पर जताते नहीं,
अपना व्यक्तित्व थोड़ा कठोर रखते हैं पिता।
बनते हैं शख़्त अपनों को सँवारने के लिए,
मन के अथाह दर्द को छुपाते हैं सबसे।
पिता हैं तो हमारा बचपना ज़िंदा रहता है,
गर वो न हों तो जीवन पर बोझ पहाड़ जैसे।
पिता हमारे जीवन में एक स्तंभ जैसे,
उनका अस्तित्व घर की मज़बूत नींव जैसे।

□

गुल्लक

गुल्लक हमारे प्यार की हमेशा भरी रहे,
सपनों की सौग़ात से हमेशा बसी रहे,
बचपन की गुल्लक सबके पैसों से भरी रहे।
उछाल–उछालकर हम गुल्लक को तोलते,
गुल्लक कब भरेगी, ऐसा रोज़ सोचते!
पैसे से उसकी क़ीमत का अंदाज़ा लगाते।
पैसा नहीं, वह तो था आशीर्वाद से भरा।
सबके उपहार का एक छोटा सा नज़राना।
गुल्लक का भारी होना उत्सुकता को बढ़ाता।
हमारे छोटे–छोटे सपनों को पूरा जो करते।
आज यह तो कल वह हम इससे खरीदें।
सदा सबके काम आने की हो ललक,
हर दिल में जगह बनाने की हो चाहत,
अपने अंदर सब को समेटने की हो ताक़त।
गुल्लक के जैसे सँभालने की हो समझ,
मन में सबके आदर और प्रेम की गुल्लक,
गुल्लक हो ऐसी, जो ख़ुशियों से भरी रहे।
गुल्लक हमारे प्यार की हमेशा भरी रहे,
सपनों की सौग़ात से हमेशा बसी रहे।

□

ससुराल

शुरुआत मेरे दूसरे जीवन की कुछ इस तरह हो गई,
जीवन के नए सफर की ताबीर, कुछ इस तरह हो गई,
मैं मायके से अब ससुराल आ गई।
एक नया घर मिला, नए रिश्ते मिले।
हर नए रिश्ते से एक नई पहचान मिली।
एक नई दुनिया, नए सपनों के साथ,
नए सफ़र से नई मंज़िल की तरफ।
मैं इस नए घर में दाखिल हो गई।
उलझनें थीं मन में बहुत सारी मगर।
न जाने कैसा होगा, वह घर और वहाँ के लोग,
प्यार से सब मिले, एक नया संसार मिला।
ससुराल अपने मायके जैसा ही लगा।
जहाँ प्यार हो, ममता हो, अपनापन हो,
उस जगह कोई कैसे अनजान रहेगा।
दो घरों से जुड़कर मैं मुकम्मल हो गई।
किसी और की दहलीज़ मेरा मुक़द्दर बन गई।
शुरुआत मेरे दूसरे जीवन की कुछ इस तरह हो गई,
जीवन के नए सफर की ताबीर कुछ इस तरह हो गई।

□

संगीत

गीत–संगीत मेरे हृदय के हर कोने में बस गया,
जैसे काली रात के बाद पूनम का चाँद निख़र गया।
संगीत मेरे हर पोर को सुसज्जित कर गया,
गीत के मधुर बोल मेरी धड़कनों को छू गया।
मन के द्वार संगीत मुझे इस तरह दस्तक दे गया,
जैसे सफ़ेद रंग में अनगिनत रंग भर गया।
हर ग़म इसकी मधुर रागिनी में जैसे खो गया,
गीत के सुर–ताल मेरी ज़िंदगी में समा गया।
संगीत मेरे जीवन से कुछ ऐसे जुड़ गया,
मैं अधूरी, मेरा मन अधूरा, सब इसमें रम गया।
ओस की बूँद की तरह मेरे मन के पत्ते पर गिर गया,
इसकी भीनी सी ख़ुशबू मेरे तन में छुप गया।
गीत ही मेरा जीवन और संगीत आधार बन गया,
गीत–संगीत फूल की तरह सारा आलम महका गया।
बारिश की पहली बूँद जैसे सुगंधित कर गया,
जैसे पहले प्यार की बारिश में मुझे नहला गया।

□

त्योहार

त्योहार हमारे ज़िंदगी में सिर्फ त्योहार नहीं होता,
एक परंपरा, आदर्श व मानवता का प्रतीक है होता।
हर दिन से हटकर कुछ अलग सा है होता,
हर पर्व पर रौनक़ें बेशुमार हैं होती।
त्योहार से हमारी संस्कृति झलकती,
हमारी संस्कृति से हमारे त्योहार की शोभा निखरती।
त्योहार न हो तो, सबकुछ हो जाए फीका,
आपस में ख़ुशियाँ बाँटने का कोई मौक़ा ही न होता।
आया है त्योहार, मन में झरने सा बहने लगता,
फिर से हँसने, बोलने का अवसर मिलता।
वो ईद की सेवइयाँ, वो होली की गुझियाँ,
दीवाली की रात, जगमगाती दीपों का नज़ारा,
राखी के पावन पर्व पर भाई की भरी कलाइयाँ।
त्योहार हमारे जीवन में अनेक रंग हैं भरते।
त्योहार की रंगत न हो तो हर दिन सूना ही होता,
बिना पर्व हमारी ख़ुशियों में इज़ाफ़ा नहीं होता।
त्योहार हमारे ज़िंदगी में सिर्फ त्योहार नहीं होता,
एक परंपरा, आदर्श व मानवता का प्रतीक है होता।

□

देश के जवान

पर्वत सा विशाल बलशाली,
मेरे देश के जवान सब पर भारी।
हर क़दम उनके बलिदानी,
तो क्यों न हों हम बलिहारी।
धरती माँ के वो लाल हैं,
चेहरे पर चमक नूरानी।
जोश से भरे, संकल्प से अड़े,
सब छोड़ बन जाते वो त्यागी।
जीवन का तनिक भी मोह नहीं,
जब मिट्टी के लिए मरना पड़े।
एक पल को वह सोचे नहीं,
कर दें सबकुछ न्योछावर।
माँ का सीना गर्व से भरे,
जो ऐसे लाल को जन्म दिया।
पर्वत सा विशाल बलशाली,
मेरे देश के जवान सब पर भारी।

□

मज़ार

कभी तो मेरे मन के सूने मज़ार पर आओ दोस्तो,
एक चादर फूल की तुम भी चढ़ाओ दोस्तो।
ऐसा बुझ गया हूँ मैं अपने यारों के बिन,
जैसे बदन से किसी ने मेरी रूह चुरा लिया।
तेल ख़त्म हुआ जैसे और लौ बुझ गई,
मेरा भी हाल कुछ ऐसा हुआ है दोस्तो।
मेरी दोस्ती, मेरी दुनिया का एक मयस्सर,
मेरी दोस्ती का ख़ालीपन कोई भर न पाया,
मन के ख़ालीपन को मैं सँभाल न पाया।
कहने को कुछ और कहता, पर मज़ार कह गया,
सोचो मेरे दिल में तुम्हारी जगह क्या है दोस्तो।
मैंने मेरे जिस्म को एक टीला समझ लिया,
इससे ज़्यादा मेरी चाह का मैं क्या मिसाल दूँ।
दो पल ही सही, एक बार पास बैठो दोस्तो।
कभी तो मेरे मन के सूने मज़ार पर आओ दोस्तो,
एक चादर फूल की तुम भी चढ़ाओ दोस्तो।

□

कविता

मेरी कविताओं ने मुझे अपने कब्ज़े में ले लिया।
कुछ और सोचूँ, इसकी इजाज़त मुझे नहीं दिया।
मेरी लेखन से मेरी सोच को नया आयाम मिला।
सोच का सागर इस क़दर विशाल हो चला।
मन के गोदाम में शब्दों का ही भंडार हो गया।
दुनिया की परेशानियों में उलझा हुआ था मन।
चिंता की डोर मुझसे कभी अलग रहती न थी।
सब छोड़ दिया मैंने, जबसे शब्दों से जुड़ गई।
मन मोह लिया मेरे भावनाओं की नगरी ने।
शब्दों को जोड़कर कई मालाएँ गूँथने लगी।
अपने जज़्बात के मोती सबमें बिखेरने लगी।
उतार दो अपने क़लम से बेहिसाब मनोवृत्तियाँ।
करा दो अपने हुनर की पहचान यहाँ सबसे।
शब्दों से इतना प्यार है अब, सब बेमानी हो गया।
बहुत भागा मन, अब शब्दों ने घेरे में ले लिया।
मेरे व्यक्तित्व को एक नया निखार दे गया।
मेरी कविताओं ने मुझे अपने कब्ज़े में ले लिया।
कुछ और सोचूँ, इसकी इजाज़त मुझे नहीं दिया।

□

सहेलियाँ

सारी सखियाँ मुझसे दूर हो गईं,
जैसे सारी ख़ुशियाँ दूर हो गईं।
न जाने कहाँ-कहाँ हैं वह मेरी
नादान सी, प्यारी सी सखियाँ!

मिलने को तुमसे तरसती हूँ मैं,
याद तुम्हें मेरी क्या आती नहीं?
वह स्कूल की नादान मस्तियाँ,
वह पिकनिक की अठखेलियाँ।

पाँच टिक्की, मिल-बाँटकर खाना।
एक-दूसरे के डिब्बे से खाना खाना।
वह स्वाद का ज़खीरा अब कहाँ है,
एक रूठती तो दूसरी मनाती।

एक-दूसरे के बिना हर पहर
लगे दुश्वार सा जीना,
आओ कभी मिलो पास बैठेंगे।
बहुत सी बातें अनकही हो गईं,
सारी सखियाँ मुझसे दूर हो गईं,
जैसे सारी ख़ुशियाँ दूर हो गईं।

□

संघर्ष

संघर्ष की इस दुनिया में सब निरर्थक हो गया।
जो खोया वह दुःखी, जो पाया वह सार्थक हो गया।
हर प्रयास में विफल मेरा अंतर्मन क्यों हो गया।
क्यों मेरे जीवन में इतना संघर्ष भर गया।
संघर्ष की इस दुनिया में सब निरर्थक हो गया।
काँटे चुभे थे पाँव में और मंज़िल दूर हो गया।
कुछ इस तरह से व्याकुल मेरा हाल हो गया।
कँकरीले रास्तों पर चलना दुर्लभ हो गया।
लगा सब पास है, पर सब अदृश्य हो गया।
संघर्ष के इस दुनिया में सब निरर्थक हो गया।
मेरे कर्म का सिद्धांत मेरा सारथी हो गया।
कोई काम न आ सका, सब व्यर्थ हो गया।
संघर्ष के रास्ते पर दर्द का आगमन हो गया।
चलते-चलते इस डगर पर सब ख़र्च हो गया।
संघर्ष की इस दुनिया में सब निरर्थक हो गया।
जो खोया वह दुःखी, जो पाया वह सार्थक हो गया।

□

ख़ामोशी

ख़ामोशी से बड़ा कोई औज़ार नहीं है,
नाराज़गी दिखाने का यह सुगम रास्ता है।
बिना बोले किसी को घायल यह कर जाए,
कहने को तो बहुत कुछ कह सकते हैं।
दिल को जो ठेस लगी, उसको कैसे मिटाएँ?
इतने गहरे ज़ख़्म की दवा कहाँ से लाएँ?
न कह कर ही हमें अपना दर्द दिखाना है।
ख़ामोशी से सारा आलम चुप हो जाता है,
चुप रहना ही सबको अखर जाता है।
शिकायत बहुत है अपनों से मगर,
चुप रहकर ही इसका असर देखना है।
ऐसे ही कोई ख़ामोश हो नहीं जाता,
दर्द हद से ज़्यादा है, तभी शांति का नारा है।
ख़ामोशी का अख़्तियार, मेरी नाराज़गी का सबब,
मेरी ख़ामोशी को मेरी कमज़ोरी न समझना,
ख़ामोशी से बड़ा कोई औज़ार नहीं है।

□

प्रेम

प्रेम ही पूजा और पूजा ही प्रेम।
प्रेम है सुखी जीवन का आधार,
प्रेम के बिना जीवन है निराधार।
प्रेम से हर कठिनाइयों को दूर कर लो,
हर रिश्ते को अपनी मुट्ठी में भर लो।
प्यार का रंग हर रिश्ते में अलग,
हर रिश्ते में अलग प्यार का रंग।
तपस्या प्रेम की हो तो सराबोर हो जाओ,
एक–दूसरे के लिए मिसाल बन जाओ।
प्रेम है गंगाजल सा, इसे छिड़कते ही चलो।
अंदर के प्रेम को कभी मरने न दो,
इस मोती की चमक कभी खोने न दो।
कई अरमानों से मिलकर बनते हैं रिश्ते प्यार के,
कई धागों को जोड़कर बन जाता है प्रेम।
प्रेम है सुखी जीवन का आधार,
प्रेम के बिना जीवन है निराधार।

□

क्रोध

क्रोध न करो, जीवन है अनमोल मोतियों के जैसे।
एक भी मोती टूटी, तो पूरी माला टूट जाती है।
क्रोध के अग्नि-कुंड में कुछ भी नहीं रखा दोस्तो!
राख़ बन जाता है इनसान और कुछ भी नहीं मिलता।
सबकुछ दर-ब-दर और हो जाता है तहस-नहस।
प्रेम की कुंजी से हर रास्ता, मंज़िल तक है पहुँचता।
नहीं तो भटकने में वक़्त नहीं लगता।
भीड़ में अकेला होने का अहसास है होता।
मिट्टी हो, मिट्टी में ही मिल जाना है एक दिन।
मुसाफिर आए हो, मुसाफिर ही है चले जाना।
कुछ समय का मेला है, फिर तो हर पल अकेला है।
जीवन के कठिन नैया में वैसे भी बहुत हिचकोले हैं।
फिर क्यों हमारे दिलों में क्रोध का झमेला है।
पल में ये साँसों की डोर यूँ ही है टूट जाती।
अपने दिल में बसा लो प्रेम को, सीप में मोती जैसे।
क्रोध नहीं, प्यार के फूल खिला लो, कीचड़ में कमल के जैसे।

□

लहरों पर नाव

नाव मेरी लहरों के हिचकोले को पार कर गई,
कई इम्तेहान आए और मैं सब पास कर गई।
तूफान के बवंडर में फँसे कई पत्थर भी थे,
सब को हटाती गई और दरिया को पार कर गई।
झरने में नहाना था तो तैरना सीखना ही था,
किनारे पहुँचना था तो बीच धारा से खेलना ही था।
डूबने का भय था, पर निकलने का हौसला भी था,
कभी ऊपर, कभी नीचे, पानी के जैसे स्तर था,
कँटीली झाड़ियों के पीछे फूल की चादर भी थी।
शिखर पर पहुँचने की उत्सुकता भी थी,
लुढ़क न जाऊँ रास्ता बड़ा ही दुर्गम था।
आस–पास गड्ढे थे, फिसलने का डर था,
पैर डगमगाए, पर मैंने सँभाल लिये।
दृढ़ निश्चयता के साथ चलती रही, बढ़ती रही।
नाव मेरी लहरों के हिचकोले को पार कर गई,
कई इम्तेहान आए और मैं सब पास कर गई।

□

दादी-नानी

एक अनोखा ही रिश्ता होता है दादी-नानी से—
प्यार का, दुलार का, सारी मनमानियाँ मनवाने का।
दोनों ही हमें प्यार करतीं, दोनों एक समान हैं।
जब भी माँ हम पर ग़ुस्सा हो जातीं,
माँ की डाँट से हमें बचातीं और फिर माँ को ही डाँटतीं।
जो माँ को डाँटतीं तो थोड़ा हम भी ख़ुश हो जाते।
कोई तो है, जो अपना हुक्म, माँ पर हैं चलाती,
बड़ी ही प्यारी-प्यारी, न्यारी-न्यारी होती हैं दादी-नानी।
नानी के घर हम जब भी जाते, ख़ूब सारे पकवान बनातीं,
अपनी गोद में बिठाकर बड़े चाव से हमें खिलातीं।
दादी का भी यही रूप था, जब भी हम खाने से भागते,
मेरी पसंद का जो भी होता, वही बनाकर हमें खिलातीं।
बच्चे जो खाएँ, वही बनाना, ऐसा माँ को कहतीं,
हमें कभी दुःखी देख न पातीं, ऐसी हमारी दादी-नानी।
एक अनोखा ही रिश्ता होता है दादी-नानी से—
प्यार का, दुलार का, सारी मनमानियाँ मनवाने का।

□

नारी

नारी है संसार में सबसे अलबेली,
नारी हर दिल की क्यारी में स्थित,
तुम बिन सब सूना, सब ख़ाली।
पाँव की पायल, हाथ की चूड़ियाँ।
तुम इनकी शोभा को बढ़ाती,
हर घर की तुम सुंदर रानी।
हर दिल पर हो राज तुम करती,
नारी तुम अमृत की धारा,
नहीं तुम्हारा कोई सानी।
सारी ख़ुशियाँ तुमसे ही जुड़तीं,
नारी जैसी नहीं कोई शक्तिशाली।
एक माँ बनने का भाग्य तुम्हारा,
अपने अंदर किसी को विकसित करने का,
एक कण अंकुरित करने का सौभाग्य तुम्हारा।
नारी है ताक़त, नारी ही मनोबल हमारा,
नारी है संसार में सबसे अलबेली।

□

भूल

भूल जाऊँ मैं, किसी ने मेरा दिल दुखाया होगा।
भूल जाऊँ मैं, ज़िंदगी की वह परेशानियों के दिन।
भूल जाऊँ मैं, वह वक़्त जो बरबाद हो गया।
भूल जाऊँ मैं, दर्द के अहसास के घेरे में थी।
भूल जाऊँ, अपने सब्र का घड़ा इतना क्यों बड़ा था।
भूल जाऊँ, मेरे अंदर के डर को, जो पीछे बहा ले गया।
भूल जाऊँ मैं, कभी क़ैद थी अपनी ज़िम्मेदारियों में।
भूल जाऊँ मैं, पैरों की बेड़ियों में जकड़ी हुई थी।
भूल जाऊँ, मेरा अस्तित्व मुझे कभी न पुकारेगा।
भूल जाऊँ यह सोचना, क्या मेरा भी वक़्त आएगा!
भूल जाऊँ, अपने सोच के बवंडर में फँसे रहना।
भूल जाऊँ, अपनी तक़दीर से गिले-शिकवे करना।
भूल जाऊँ, मैंने भी बहुत मौक़ा गँवाया होगा।
भूल जाऊँ, अपने हुनर को वक़्त मैंने नहीं दिया होगा।
भूल जाऊँ, अपनी ज़िंदगी से बेवक़्त ख़फ़ा होना।
भूल जाऊँ, मेरी लकीरों का कोई दोष रहा होगा।

□

हीरा

हमारे घर का हीरा, हमारी जान है मेरा बेटा।
हीरा सा उसका मन है, बहुत उदार है मेरा बेटा।
पिछले जन्म के कोई अच्छे कर्म का ईनाम है,
बहुत प्यारा, बहुत समझदार है मेरा बेटा।
हीरे सा चमकता, नायाब किरदार है उसका।
आदर और सत्कार के गुणों से है लबरेज़,
सबका करे सम्मान, ऐसा आचरण उसका।
लूँ लाख बलाएँ, पर मन भरता नहीं मेरा,
मेरी एक आह पर, दौड़कर आ जाता,
लिपट जाता है, एक छोटे से बच्चे जैसा।
अपना ख़याल रखो माँ, प्यार से समझाता,
आप हैं तभी हम हैं, नहीं तो बेरंग है ज़िंदगी।
उसके क़िस्मत की लकीरें, मेरे दुआओं का नतीजा,
चढ़ जाए मेरे जानिब से बुलंदी की सीढ़ियाँ,
मेरे हीरे की चमक अर्श की ऊँचाइयों तक चमके।
मेरे दिल में जगमगाता है हीरे सा मेरा बेटा,
हमारे घर का हीरा, हमारी जान है मेरा बेटा,
हीरा सा उसका मन है, बहुत उदार है मेरा बेटा।

□

नज़र का टीका

आज ख़ुश हूँ बहुत, नज़र का टीका लगा दो न माँ।
मुझको बुरी नज़रों से बचा लो न माँ।
ख़ुदा ने आपको अपने पास बुला लिया,
अब परेशानियों से मेरी हिफाज़त कौन करेगा?
थोड़ी उदास हूँ, थोड़ी बेचैन भी हूँ,
मेरे लिए अब दुआ कौन करेगा?
आपकी दुआओं के बिना क़िस्मत से डर रहा हूँ,
ख़ुशक़िस्मती की लकीरें मिट न जाएँ कहीं।
आप थीं तो पहाड़ भी सपाट लगता था,
पथरीली सड़क पर मख़मली घास का अहसास होता था।
समंदर की लहरों से खेलना भी एक खेल लगता था,
फूलों से खेलते थे, काँटों से भी डर नहीं लगता था।
मैं मुक़द्दर का सिकंदर हूँ, अपने माँ के अमान में,
मेरे जैसा शूरवीर नहीं कोई माँ की नज़र में।
आपका बच्चा डर रहा है, सँभाल लो न माँ।
आओ, आज फिर से नज़र का टीका लगा दो न माँ।

□

आराम की मसहरी

शय्या हमारी, हमें पुर सुकून करती है,
हमारी थकान को अपने अंदर ख़त्म करती है।
जब जाएँगे इस दुनिया से, वह शय्या कैसी होगी,
यह सोचकर मन सिहर जाता है, डर जाता है।
यहाँ मखमली बिस्तर, वहाँ ज़मीन ही हमारी शय्या होगी,
नींद नहीं आती इस आराम की मसहरी पर,
उस कठोर शय्या पर कैसे लेट जाएँगे हम?
जीवन रूपी शय्या भी कुछ इस तरह ही तो है,
कहीं धूप है, कहीं छाया, दोनों का असर तो है।
कभी पैर में जूते हैं, कभी नंगे पाँव ही चलना है,
जीवन की डगर में किनारा है तो तूफान का बवंडर भी है।
सारे सुख-दुःख यहीं हैं, आगे न जाने क्या है!
हमारे सुकून के पल को हमसे छीन लेती है,
करवट बदलते रहे और नींद कोसों दूर होती है।
यही बातें हमारे हृदय को परेशान करती हैं,
हमारी शय्या भी हमसे कभी-कभी पक्षपात करती है।

□

धीरज

धैर्य अभी तुमने मेरा देखा ही कहाँ है,
यह मेरे और मेरे ख़ुदा का आपसी मामला है।
धैर्य का घड़ा मेरा बहुत ऊँचा हो गया,
मालिक के जानिब जो इतना क़रीब हो गया।
सब्र करने का जज़्बा ही आपके और
ख़ुदा के बीच का लगाव का असर दिखता है।
सब्र की कुंजी से हर ताला खुल जाता है,
घबराना नहीं वक़्त सबका आता है।
वक़्त लगे तो क्या, सब वक़्त पर ही होता है,
हर चीज़ को पाने का जब वक़्त तय होता है।
सब्र का फल समय पर मिल ही जाता है,
धैर्य हमारे मज़बूती का दर्पण होता है।
इसकी ताक़त को किसी की बेबसी न समझना,
न जाने कहाँ से इतना हौसला आ जाता है (नाज़रीन)।
मेरा दिल बताता है, मालिक तुझे देता है,
नहीं तो यह हौसला हर किसी के पास कहाँ होता है।

□

पंख

काश, मेरे भी पंख होते,
खुले आसमाँ में बेधड़क,
हम भी सखियों के संग,
बाँहें पसारे एक–दूसरे के साथ,
उड़ जाते नील गगन के पास,
समंदर की लहरों के ऊपर,
हिमालय की चोटी छूते,
गुनगुनी धूप की गरमाहट भरके,
हर दिशा में हम भी घूमने जाते,
आज़ाद मन, आज़ाद पंछी,
दोनों का समावेश हो ऐसे,
मन के सितार में कई धुन लेके,
अपने अंदर मधुर संगीत भरके,
सबसे ऊँची उड़ान भरके,
पंखों में एक नया जोश भरके,
हम भी हवाओं के संग होते,
काश, मेरे भी पंख होते,
तो हम भी स्वतंत्र होते।

□

चौमुखी सा जीवन

अजीब सा इत्तेफाक़ है,
रास्ते बहुत हैं पर,
समझ से सब परे है।
चारों तरफ़ एक झुरमुट सा,
लग रहा है मुझे,
एक रास्ता इधर है,
एक रास्ता उधर है,
जाऊँ तो किधर जाऊँ?
रास्ता हर तरफ़ खुला है,
क्या सही, क्या ग़लत है?
कैसे समझूँ अब मैं,
कुछ नासमझ सी हो गई हूँ।
कुछ दिख रहा है, कुछ नहीं,
झरोखे के पार सब धुँधला है।
कोहरे की चादर है या
मन में ही धुंध बहुत है।
पाषाण सा लग रहा है,
यह चौमुखी सा जीवन।
गुमसुम सा खड़ा हूँ,
अजीब सा इत्तेफाक़ है।

☐

फ़रिश्ते सा मन

फ़रिश्ते सा मन था, तो सबने रुला दिया।
सादगी मेरे किरदार की भायी नहीं किसी को।
कम बोलने की आदत थी, सबने सुना दिया।
मेरे ख़ुदा को सब पता है, सब देख रहा है।
नीयत हर किसी की वह पहचान रहा है।
बावला सा मन हर पल उदास होता रहा।
दिलों में खंजर का अहसास हमें मारता रहा।
मन समझता सब था, पर कह कुछ न पाया।
मेरे मालिक मेरे मन में कोई मिलावट न हो।
मेरे दर्द कभी मुझको कमज़ोर न कर दे।
सीधी राह पर चलने की हसरत है मेरी।
कभी कोई मुझको इससे गुमराह न कर दे।
कुछ दर्द ऐसा मिला कि मन दुःखी कर गया।
मन मेरा किसी की बुराई से मैला न हो पाया।
ऐसे लोगों ने मुझे बदल जाने का इल्ज़ाम दे दिया।
फ़रिश्ते सा मन था, तो सबने रुला दिया।

□

घुँघरू

आज जी भर के नाचने का मन है,
कुछ इस तरह, मेरा दिन सँवर जाए।
पहना दो मेरे पाँव में घुँघरू रुनझुन,
पूरे आलम में घुँघरू की झनकार गूँज जाए।
मेरे पैरों को इस तरह से थिरकने का मन है,
घुँघरू की आवाज़ जैसे चाँदनी रात।
मंदिर की घंटी जैसे कानों में बजे सितार,
नाची मैं ऐसे बजने लगे मेरे मन के तार।
बाँध के घुँघरू मैं बावली सी हो गई,
घुँघरू की आवाज़ मुझे ऐसे रस में घोलती।
रुकते नहीं मेरे क़दम घुँघरू की छम-छम से,
मैं बेसुध होकर नाचूँ इस क़दर आज।
फिर नृत्य के जादू में खो जाने का मन है,
इस तरह मैं नृत्य की स्वामिनी बन जाऊँ।
जैसे नाचती हैं स्वर्ग में अप्सराएँ,
मेरा भी कुछ ऐसे ही डूब जाने का मन है।
आज जी भर के नाचने का मन है,
कुछ इस तरह मेरा दिन सँवर जाए।

□

घूँघट

घूँघट कहीं लाज का गहना होता है,
किसी के मान–सम्मान का पहरा होता है।
किसी ने रीत बनाई परंपराओं के लिए,
किसी ने तोड़ दी इसे बेड़ियाँ समझकर।
आँखों में शर्म और मन से ही सम्मान होता है,
घूँघट से मुख को ढकें यह ज़रूरी नहीं,
परदा हमारे आचरण से है, नज़रों से नहीं।
इस सोच के घूँघट को हटाकर तो देखो,
कुछ और नहीं, आपका सम्मान बढ़ेगा,
इस क़दम से सोच को नई दिशा मिलेगी।
लंबे समय से जो घूँघट की ओट में बैठी हैं,
अपने संकुचित मन में सबकुछ दबा रखी हैं।
किसी से कुछ कहने, सुनने का दिल होता है,
अपने वजूद को महसूस करने का मन होता है।
उनको भी तो यह बोझ हटाने का मन होता है,
खुले आसमाँ में नज़ारे देखने का मन होता है।

□

भाई

भाई बहनों के अभिमान होते हैं।
हमारे अरमानों के वजूद होते हैं।
भाई हैं मेरे, कहते हुए गर्व से भर जाती हैं।
हर बहनों की आस होते हैं भाई।
अपना अधिकार समझती हैं बहनें।
मुश्किल राहें हों तो भाई थाम लेंगे।
मेरे बहते हुए आँसू वे पोंछ देंगे।
कभी किसी भाई की कलाई सूनी न रहे।
प्यार का बंधन राखी का हमेशा बना रहे।
धागे की मज़बूती हमारे रिश्ते को जोड़े रहे।
कभी इनके प्यार को किसी की नज़र न लगे।
भले ही दूर हों, पर दिल के हमेशा पास रहें।
जैसे साथ बड़े हुए, वैसे ही साथ बना रहे।
एक-दूसरे की ख़ुशी में हमेशा ख़ुश होते।
भाई बहनों के अभिमान होते हैं।
हमारे अरमानों के वजूद होते हैं।

□

कल्पना

कल्पनाओं की उड़ान होती है बहुत ऊँची,
धरातल से इसकी दूरी होती है बहुत लंबी,
बढ़ जाओ और छू लो तुम भी गगनचुंबी।
उड़ जाओ अपने विचारधाराओं की उड़ान लेकर,
कुछ कर जाओ इन कल्पनाओं के साथ मिलकर।
सपने बुनोगे, तभी उनको पूरा करने का हुनर आएगा।
कभी अपने को किसी से छोटा न आँकना,
कुछ करने से कभी पीछे न पलटना।
सपने और कल्पनाएँ ही हममें जुनून भरते,
हमें ऊँचा उड़ने का पंख हैं लगाते।
संगृहीत कर अपने मन के ऊँचे विचार को,
सदैव अपने लक्ष्य पर बाज़ सी नज़र रखके।
पहचानो अपने विवेक की अतुल्य क्षमता को,
कर लो सपने पूरे संकल्पों की ऊँची उड़ान भरके।
सच्ची लगन है तो सबकुछ होता है अच्छा,
कल्पनाओं की उड़ान होती है बहुत ऊँची।

□

स्वाभिमान

मेरे स्वाभिमान को कोई अभिमान न समझे,
अनमोल हूँ अपनों के लिए, कोई बेमोल न समझे।
स्वाभिमान की माला सदैव पहनकर ही रखना,
गर्व से सबको हमेशा गौरवान्वित ही करना।
स्वाभिमान को अपने कभी गिरवी न रखना,
सच्चाई के लिए झुकना, ग़लत के लिए सिर उठाना।
स्वाभिमान नहीं तो आपका आत्मसम्मान भी नहीं,
स्वाभिमान की कुंजी हमेशा सँभालकर रखना,
अपनी इज़्ज़त की तुम हमेशा रखवाली करना।
काम ऐसा करना, जिससे स्वाभिमान को ठेस न पहुँचे,
नहीं तो ख़ुद से नज़रें न मिला पाओगे।
जिसमें स्वाभिमान नहीं, उसका कोई किरदार नहीं,
ऐसे निरर्थक जीवन का कोई आधार नहीं।
कुछ छोटा नहीं, कुछ बड़ा नहीं, इसी सोच के साथ
गहरे समंदर में ग़ोते लगाकर जो निकले,
अपने स्वाभिमान का असल में अस्तित्व वही समझे।
मेरे स्वाभिमान को कोई अभिमान न समझे,
अनमोल हूँ अपनों के लिए, कोई बेमोल न समझे।

□

नंबर

नंबर किसी के हुनर का पहचान नहीं होता,
किसी की क़ाबिलीयत इसका मोहताज नहीं होता।
सबको उस रब ने अलग हुनर से है नवाज़ा।
हर एक इनसान इस दुनिया में मुकम्मल नहीं होता,
ख़ामियाँ सबमें होती हैं, यह हर कोई है जानता।
नंबरों के खेल में, अपनों को कम न समझना,
नंबर किसी के हुनर का पहचान नहीं होता।
किसी के नंबर की चोटी भले ही बुलंद न हो,
वह अपने घर का हमेशा नंबर वन है होता,
तहज़ीब से, ऊँचे ख़याल से, लबरेज़ है होता।
नंबर तो बस गिनती की कड़ी को है जोड़ती,
एक-दूसरे से आगे दिखाने की होड़ है होती।
अपने लक्ष्य पर निशाना तो हर किसी का है होता,
तरक़्क़ी के पहले नंबर पर हक़ सभी का है होता।
नंबर किसी के हुनर का पहचान नहीं होता,
किसी की क़ाबिलीयत इसका मोहताज नहीं होता।

□

भोर

चारों तरफ़ चाँदनी सी शीतलता है छिटकी हुई।
धुँधली सुरमई भोर लगे कुछ इस तरह,
जैसे कोई बाँसुरी की धुन बजा रहा,
मेरे कानों में मद्धिम सा रस घोल रहा।
भोर लगे ऐसे, जैसे दूब की घास पर
मोती के दाने जैसी चमकती ओस की बूँदें।
पायल की छम-छम की मधुर झनकार सी,
हर सुबह लगे जैसे रिमझिम बरसात सी।
भोर में गिरते हुए टप-टप महुए की ध्वनि,
चारों तरफ़ लगे बिखरे फूल की तरह।
ख़ुशबू ऐसी कि सारा आलम महके,
नाचे मोर, गाए मन, देखो भोर हुई।
बहते झरने की जैसे खिड़की खुली हुई।
ठंडे नीर की धारा से मटकी भरी हुई।
भोर की सुंदर काया मेरे मन में बस गई।
चारों तरफ़ चाँदनी सी शीतलता है छिटकी हुई।

□

संध्या

संध्या की बेला आई,
जैसे सबकुछ ठिठक गया।

मन भी शांत हुआ,
एक विराम आया।

पंछी भी लौट आए
अपने रैन-बसेरे में।

चारों तरफ़ एक सन्नाटा हुआ
और घर में रौनक बढ़ गई।

थोड़ा सा मेरे बेचैन मन को
तृप्त करने को संध्या आई।

सुबह को सब जाते हैं,
शाम को थके सब आते हैं।

एक प्याली चाय के साथ
सारी थकान उतर गई।

संध्या की अलबेली शाम
मन को मेरे हरने आई।

सबके चेहरे की मुसकान देखकर
मन व्याकुल सा तर गया।

□

बारिश

बारिश कुछ इस तरह मुझे भिगा गई,
मेरे सारे अरमानों को जगा गई।
पूरे क़ायनात को रिमझिम बूँदों से
सराबोर कर गई, जलमग्न कर गई।
आई जब वर्षा की हलकी फुहार,
रोम–रोम में सितार बज उठे
मिट्टी की सोंधी ख़ुशबू से।
मन में उमंग हुई, झमाझम बारिश सी,
काली बदरी छाई, सुरमई शाम सी।
काली घटा है, बारिश का माहौल है,
हर तरफ़ ख़ूबसूरत मौसम का ख़ुमार है।
पकौड़े की ख़ुशबू से महका घर सारा है,
सोचा कि मैं भी बारिश में भीग जाऊँ,
मेरे तन में कुछ सिहरन सी दौड़ गई।
बारिश कुछ इस तरह मुझे भिगा गई,
मेरे सारे अरमानों को जगा गई।

□

माँ की दुनिया

माँ की दुनिया उसके बच्चों से शुरू
और बच्चों पर ख़त्म हो जाती है।
चोट मुझे लगती है, दर्द उन्हें होता है,
मार देतीं थप्पड़, तो ख़ुद भी रोती हैं।
दरवाज़े पर पहुँचते ही बस्ता हमारा थाम लेतीं।
पापा की डाँट से हमें कैसे भी बचा लेतीं।
मेरे हर वक़्त की भूख का अहसास उन्हें है होता,
मैं कितना खाऊँगा, यह पहले से ही जानतीं।
मेरे हर निवाले की ख़ुशियाँ दिखतीं,
जब वह मुझे खिलातीं और मैं खा लेती,
मेरे पेट भरने का सुकून उनके चेहरे पर होता।
गुस्से में भी हों, तुम्हें भूखा नहीं छोड़तीं।
तुम एक खाओगे तो तुम्हें दो खिलातीं।
अपने हिस्से की रोटी बचाना नहीं जानतीं।
यह सोचकर आँखें मेरी पुरनम हो जातीं।
मेरे पास माँ नहीं हैं, मैं माँ कैसे पुकारूँ ?
माँ की दुनिया उसके बच्चों से शुरू
और बच्चों पर ख़त्म हो जाती है।

□

घर

न जाने कैसे लोग मदिरालय जाते हैं,
न जाने किस सुकून की तलाश में जाते हैं।
नशे में डूब तुम किस पड़ाव की खोज में हो,
जहाँ तुम किसी को भी पहचानते नहीं।
हर इनसान अपने को वहाँ भूल जाता है,
सुकून पाना है तो अपने घर जाकर देखो।
जहाँ परिवार मुसकराए, वही असली धन है।
अपनों को ख़ुश देखने से बड़ा नशा क्या होगा!
घर मंदिर है, उसकी भक्ति में लीन हो जाओ।
कहीं और भटकने की ज़रूरत क्या है।
घर उपवन जैसा, ढेर सारे फूल हैं उसमें,
धरोहर हैं अपने, वो ही हमें सँवारते।
सुबह तुम जाते, शाम को वापस आते।
अपनों को तुम सुकून भरी ख़ुशियों से भर जाते।
घर सिर्फ घर नहीं, हमारा संसार होता है।
हमारे अपने, हमारी पूरी दुनिया बन जाते हैं।

□

एक ऐसी जगह होती

एक ऐसी जगह होती, जहाँ दुनिया अपने हिसाब से चलती।
जब मर्ज़ी होती सोते, जब मर्ज़ी होती जागते।
अपनी चाहत का दिन गुज़ारते, अपनी चाहत की रात।
जिसका हम साथ चाहते, वही हमारे साथ होता।
न कोई ज़िम्मेदारी, न वक़्त पर सब करने का नियम होता।
सपनों की नगरी में फूलों सा सवेरा होता।
मैं परियों सी घूमती, दिलक़श बाग का नज़ारा होता।
आँख खुले तो शहद जैसी मिठास घुली हो हर तरफ।
आस–पास मुस्कराता हुआ हर चीज़ हो बेदाग़।
काली बदरी की छटा हो, एक ख़ुशनुमा माहौल हो।
खुले मैदान में दौड़ जाऊँ, हरे घास की चटाई हो।
पूरे घर में ख़ुद के ही अहसास का पहरा हो।
टिमटिमाते तारों के नीचे हमारा भी आँगन होता।
आगे–पीछे होते सब और अपना ही हुक्म चलता।
जो चाहती वह मिल जाता, न इंतज़ार का समय लगता।
एक ऐसी जगह होती, जहाँ दुनिया अपने हिसाब से चलती।

□

मेरी बेटी

मेरी बेटी परियों की रानी,
मेरे घर की है राजकुमारी।
हँसती, गाती और मुस्कराती,
हम सबकी अनमोल मोती।

भोला सा है मन उसका,
आज बड़ी वह हो गई।
अभी भी बच्ची ही लगती,
चंचल सी हिरनी के जैसी।

थोड़ी लापरवाह सी है,
पर कभी-कभी बड़ी सयानी।
कहती माँ जो तुम न होगी,
मैं भी जी कर क्या करूँगी?

दिनभर मुझे बातूनी अपनी,
बातों से है बहुत लुभाती।
मेरी बेटी, मेरी सहेली।
कभी 'माँ' मेरी बन जाती।

क़िस्मत चमके ऐसे उसकी,
लगे आसमाँ पर चाँद जैसी।
जहाँ क़दम उसके पड़े,
वहीं हो जाए नूर की बारिश।

थोड़ी सी तकलीफ़ मुझे हो,
सहम जाती और रोने लगती।
आप और पापा मेरी दुनिया,
ऐसा कहती मेरी गुड़िया रानी।

□

नीली छतरी

मेरे मालिक ने बनाई नीले आसमाँ की छतरी।
हम सबके लिए बनाई हिफाज़त की टोकरी।
सुबह दिन का सूरज तो रात चाँद की चाँदनी।
कभी धूप की गरमाहट, कभी बारिश से पानी-पानी।
कभी तूफ़ान का आलम, कभी नदियों की रवानी।
अपने घर की रखवाली से हम थककर बेज़ार हो जाते।
पूरी दुनिया को मालिक, मुस्कराकर अपनी छतरी में छुपाते।
हम उदास होते तो बड़ी आस से देखते हैं आसमाँ को।
लगता है, ख़ुदा ने नूर की चादर से हमें है ढक रखा।
हमारी हर मुसीबतों से अनजान नहीं मालिक।
हमारे लिए क्या अच्छा, वे हमसे बेहतर हैं जानते।
हमारे सोचने से पहले रास्ता हमारा वे बना लेते।
लालटेन की बत्ती हम, उसमें तेल मालिक की रोशनी।
सुकून के पल में हम बैठे हुए नीली छतरी के नीचे।
घर की छत हमारी हिफाज़त और आसमाँ हमारी चादर।
मेरे मालिक ने बनाई नीले आसमाँ की छतरी।

□

अहंकार

हर इनसान का दुश्मन होता है अहंकार।
जीवन की ख़ुशियों को घेर लेता है अहंकार।
अहंकार से हर रास्ते में हो जाए अंधकार।
अपनी मंज़िल से फिर भटक जाता है इनसान।
गर्व पालो, मत पालो तुम अहंकार।
हर रास्ते पर खड़े हैं खरीदने को दुकानदार।
जिसने भी पहना यह चोला, हो गया चकनाचूर।
अभिमान की इससे तुलना नहीं, मत करो कारोबार।
पैरों के नीचे से खींच लेगा, यह दारोमदार।
नहीं कुछ बचता सिवा नफ़रत के हर द्वार।
हार जाओगे हर मैदान में फिसलकर हर बार।
गिर जाओगे, मिट जाओगे, जो न छोड़ा अहंकार।
अपने अहंकार का कभी न करना हाहाकार।
सबकुछ ख़ुदा करेगा, न माफ़ करेगा अहंकार।
हर इनसान का दुश्मन होता है अहंकार।
जीवन की ख़ुशियों को घेर लेता है अंधकार।

□

सन्नाटा

रात का अँधियारा,
सन्नाटे का शोर,
सूनी हैं राहें,
पसरा है मातम,
डरता हुआ मन,
घबराता हुआ तन,
अडिग मन न माने,
सरपट भागा ही जाए,
कोहरे की चादर से,
धुँधली दिशाएँ,
गरजता हुआ बादल,
कड़कड़ाती हुई बिजलियाँ,
धरती की गोद,
सुकून का आशियाँ,
पैरों का ठिठकना,
मुस्कराहट को छुपाना,
रात का अँधियारा,
सन्नाटे का शोर।

□

फुरसत के दो पल

फुरसत के दो पल चुरा लो अपनों से मुलाक़ात के लिए।
देर बहुत हो न जाए, वक़्त ज़िंदगी के कम पड़ न जाएँ।
दिल के नाज़ुक सुराख़ इतने बड़े हो न जाएँ,
मिट्टी ही न बचे ज़ख्मों के दरार भरने के लिए।
दूरियों की पथरीली सड़क इतनी लंबी हो न जाए,
भीड़ में शामिल हमारा भी किरदार हो न जाए।
कोई वसीला ही न बचे एक-दूसरे से रूबरू होने के लिए।
सुरमई शाम ढल न पाए, वक़्त बेरहम ठिठक न जाए,
काले सायों सी रात गुज़र ही न पाए सुबह होने के लिए।
एक अरसा बीत गया, फिर से गुफ़्तगू किया तो जाए,
थोड़ा अपना, थोड़ा उनका हाल-ए-दिल सुना तो जाए।
मुहब्बत की कुछ अनमोल घड़ियाँ साथ बिताने के लिए।
आँखों के आँसू के नमकीन झरने कहीं सूख न जाए,
मिलकर ज़रा इसको पुरनम किया तो जाए।
जो भी थोड़ी रस्म-अदायगी है, बचा ली जाए,
फुरसत के दो पल चुरा लो अपनों से मुलाक़ात के लिए।

□

बंद दरवाज़े

जो मिल जाए नसीब से, उसे मत ठुकराओ।
खोल दो बंद दरवाज़े और सब पास ले आओ।
अपने दिल की गली को इतना सँकरा न बनाओ।
कुएँ की रस्सी को इतना छोटा न करो।
पंख फैलाने से पहले, पंख काट मत दो।
सबकुछ मिलता है, शुरुआत तो करो।
बंद दरवाज़े की कुंडी खोलकर तो देखो।
इतने हठी न बनो कि सब रुष्ट हो जाएँ।
पानी भरो, नहीं तो कुआँ सूख जाएगा।
गुणों को पहचानो, नहीं तो सब व्यर्थ हो जाएगा।
ताला खोलो इससे पहले, उसमें ज़ंग लग जाए।
अच्छी क़िस्मत हमारे मेहनत का ईनाम बनता है।
कुछ कर गुज़रने का हौसला हमें आगे बढ़ाता है।
एकाग्र की रस्सी पर चलने का हुनर ले आओ।
जो मिल जाए नसीब से, उसे मत ठुकराओ।
खोल दो बंद दरवाज़े और सब पास ले आओ।

□

एकता

हमारी एकता हमारे देश में एक मिसाल है।
भिन्न-भिन्न जातियों का समावेश है।
जैसे मौसम हैं अनेक, वैसे रूप-रंग भी अनेक।
बोली-भाषा अलग, पर खून का रंग एक।
एक-दूसरे के साथ हैं, एक-दूसरे के पूरक।
शक्ति हमारे प्रेम की, कोई बेवजह तोड़ न दे।
कोई कितना भी तोड़े, कभी न टूटना तुम।
ज़हर तुम्हारे कानों में कितना भी घोले।
लाख हमारे मनोबल को कोई झकझोरना चाहे।
हमारे बीच रंजिशों का घना जाल बिछाना चाहे।
रहो अडिग, दृढ़ निश्चय से भरपूर जीवन की सत्यता पर।
हमारे आपसी भाईचारे की नींव हिलने न दो।
एकता से ही संगठित हम, कोई हमारे बीच न आए।
मिल-जुलकर रहना और साथ निभाना।
यही हमारी दोस्ती की पहचान है कराता।
एकाग्रता, एकमत ही हमारी प्रसिद्धि का प्रतीक है।

□

आसमाँ

आसमाँ पर हमारा भी एक घर होता।
उस जहाँ में थोड़ा मेरा भी हक़ होता।
बादलों के गोले में हजारों चित्रकारियाँ।
कहीं पीले, कहीं लाल, कहीं नारंगी।
सारे रंगों की रंगोली सी दिखती।
पंछियों के झुरमुट का आना-जाना होता।
पतंगें भी हमारे आस-पास आने को होतीं।
रात होती तो तारों का बसेरा होता।
सितारों के बीच मेरा भी आँगन होता।
रात में चंदा मामा मेरे साथ होते।
दिन का उजाला सूरज चाचू के साथ होता।
एक अनोखा ही अहसास होता।
अप्सरा की तरह मैं भी इठलाती।
परियों के देश में अपना भी वास होता।
आसमाँ पर हमारा भी एक घर होता।
उस जहाँ में थोड़ा मेरा भी हक़ होता।

□

मौत

एक सच्चाई है कि एक दिन सबको जाना है।
डराता सबको है कि साथ मौत की परछाईं भी है।
इस पल ज़िंदगी है तो न जाने किस पल मौत खड़ी है।
फिर भी इनसान भाग रहा है, अपनों को खो रहा है।
सोच नहीं रहा कि साँसों की डोर कितनी है!
अपनी धुन में मीलों तक चलता जा रहा है।
थोड़ा रुक जाओ, ठहर जाओ, वापस चल दो पीछे।
ख़ुद को इतना न थकाओ कि सफर पूरा हो न पाए।
इस दिन के उजालों की दोपहरी के बाद
न जाने कब मौत की शाम का आगाज़ हो जाए।
ज़िंदगी है तो है, नहीं तो एक पल का भी ठिकाना नहीं।
इस अहसास से जियोगे तो ईमान के किरदार में रहोगे।
जीना तो इस तरह से जीना कि सब याद करें।
जाओ तो सब तुम्हारी तारीफ़ ही करें (नाज़रीन)।
थोड़ी तैयारी वहाँ पर जाने की कर लो लोगो।
ख़ुदा के दरबार में अपना भी मुँह दिखाना है।

□

वाणी

मीठा बोलना हमारे व्यवहार को है दरशाता,
मधुर वाणी हमारे अच्छे विचारों की है परिभाषा।
दु:ख के बादल हो, मन कितना भी विचलित हो,
दो शब्द प्यार से कोई सींचकर देखे,
दुश्मन को भी दोस्त बनाने का हुनर रखता है।
बहुत ही भार होता है इन शब्दों के भंडार में,
शब्दों का रस घोल दो या वाणी में तीर कटाक्ष के।
इन्हीं शब्दों से किसी को मार दो या
किसी के चिंतित मन को उबार दो।
इस वाणी की ताक़त ऐसी होती है,
निकले जो तीर की तरह तो कर दे घायल,
जो बहे शहद की तरह तो मनमुग्ध कर दे।
वाणी की शुद्धता को सँभालकर रखना,
यह वह धार है, जो सबको छलनी है करता।
वाणी की पवित्रता को बनाए रखो हमेशा,
यही हमारी पहचान सबको है बताता।

□

किरदार

बात किरदार की मेरे मत करना लोगों।
मेरी ज़िंदगी में दख़लअंदाज़ी मत करना लोगों।
अच्छे-अच्छों को देखा है बदलते मैंने।
मीठी बातों से इस्तेमाल करते देखा है मैंने।
कभी मिट्टी की तरह सनना और कभी
बादल की तरह बरसना भी पड़ता है।
कीड़े लग जाए मिठास में तो नीम बनना पड़ता है,
मीठा हो ज़्यादा तो तीख़ापन लाना पड़ता है।
बात किरदार की मेरे मत करना लोगों,
चोट जब अपने ख़ुद्दारी को लगे,
लोगों से दरकिनार होना ही पड़ता है।
लग जाए अपने ऊपर दाग़ तो छुड़ाना ही पड़ता है।
पल-पल यहाँ लोग मुझे बदलने पर मजबूर कर दिए,
चुप हो गई मैं और मुझे संगदिल कह दिए।
बात किरदार की मेरे मत करना लोगों,
मेरी ज़िंदगी में दख़लअंदाज़ी मत करना लोगों।

□

छत

शाम होते ही छत पर चले जाना।
सुहानी शाम का नज़ारा देखना।
खुली छत पर जाकर हमें ऐसा लगना,
जैसे चारों तरफ़ हो मेले का फसाना।
शाम का इंतजार हमें बेसब्री से रहना,
बारिश हो तो छत पर जाकर भीगना।
रस्सी भी वहीं कूदना, कबड्डी भी खेलना,
कलाकृतियों से सजी पतंगों का उड़ाना।
बादल में ढेर सारी चित्रकारी को ढूँढ़ना,
इधर–उधर बस, दाएँ–बाएँ देखना।
पर उसी शाम का हमें रोज़ लुभाना,
एक से दूसरे छत का पास–पास होना।
रोज़ शाम अपनी सखियों से बात करना,
घंटों–घंटों तक वहीं खड़े रह जाना।
बहुत याद आता है रोज़ का वह ज़माना,
शाम होते ही छत पर चले जाना।

□

बहनें

स्नेह और ममता से बँधी होती हैं बहनें।
एक-दूसरे की प्रेरणा होती हैं बहनें।
बहनों का प्यार आपस में होता है बहुत ज़्यादा।
एक-दूसरे की ख़ुशी के लिए हो जाती हैं न्योछावर।
माँ नहीं होतीं जिनकी, तो वे माँ बन जाती हैं।
सच में बड़ी बहन माँ के समान हो जाती हैं।
कर्तव्य निभाने में कभी पीछे नहीं हटतीं।
छोटों के लिए अपना पूरा धर्म निभातीं।
एक-दूसरे से आपस में सुख-दुःख बाँटतीं।
एक पल भी एक-दूसरे के बिना रह नहीं पातीं।
एक रूठ जाए तो दूसरी भी उदास हो जाती।
बहनें एक-दूसरे के बिना अकेली हो जातीं।
जैसे एक पतंग अपने डोर से बँधी होती।
आपस में इस तरह से जुड़ी होती हैं बहनें।
स्नेह और ममता से बँधी होती हैं बहनें।
एक-दूसरे की प्रेरणा होती हैं बहनें।

□

आँगन

घर के ख़ूबसूरत बसेरा में
सबसे प्यारा आँगन है होता।
कमरों की चहारदीवारी में
जब मन घबराने लगे।
आकर सुबह-शाम
हम सबका आँगन में बैठना।
हँसी-ठिठोली के बीच
समय का पता न चलना।
दादी की कहानियाँ सुनाना,
कुछ पकवान का स्वाद लेना।
माँ के बनाए व्यंजन में डूब जाना,
सैर-सपाटा सा वक़्त लगना।
खुले आसमाँ का नज़ारा दिखता,
हर घर में होता एक आँगन,
आँखों को ठंडक मिलता,
सुकून मन में भर देता।
यही वह पल हमें आनंदित करता,
सारे दिन की थकान उतारता।
घर के ख़ूबसूरत बसेरा में
सबसे प्यारा आँगन है होता।

□

नन्हे-मुन्ने बच्चे

नन्हे-मुन्ने बच्चे, लगते किसी फरिश्ते से।
मन उनका कोमल और बातें कोयल सी।
पल भर में हमें वे अपना बना लेते।
मासूमियत से हमें अपनी ओर खींच लेते।
कितने प्यारे, कितने भोले, न्यारे-न्यारे।
सुंदर मुखड़ा चमके, जैसे चाँद का गोला।
काम उनके छोटे-छोटे, अठखेलियाँ वे करते।
गिरते, पड़ते, उठते और भागते ही रहते।
सारे घर की शोभा वे बनकर घूमते।
दीवारों पर चित्रकारियाँ हैं वे करते।
अपनी चंचलता से मन हमारा मोह लेते।
सभी बड़ों की छवि हमको उनमें दिखती।
अपनी तोतली आवाज़ से हमें वे पुकारते।
हमारे हर रिश्ते का नाम वही हमें देते।
ठुमक-ठुमककर चलते, लहराते, इठलाते।
उछल-कूदकर सारे घर को बिखेरते।
पल में रूठते और पल में ही मान जाते।
नन्हे-मुन्ने बच्चे, लगते किसी फरिश्ते से।

□

मन

मन मेरा पावन सा,
निर्मल सा कोमल सा।
कुछ थोड़ा नटखट सा,
थोड़ा है बचपन सा।

कुछ खोया-खोया सा,
कुछ रोया-रोया सा।
थोड़ा प्यासा-प्यासा सा,
तो कुछ रुआँसा सा।

मन थोड़ा उदास सा,
सब अनचाहा सा।
कभी लगे सब क़रीब सा,
कभी मीलों लंबी दूरी सा।

कुछ उचाट सा, कुछ मद्धिम सा,
कुछ है उखड़ा-उखड़ा सा।
कभी कोयल की मीठी तान सा,
लगे कभी जून की दोपहरी सा।

आशा का दीया जलता सा,
निराशा पर भारी पड़ता सा।
मन मेरा पावन सा,
निर्मल सा कोमल सा।

□

दीया

दीये की रोशनी में बाती का जलना।
परिवार के बसेरा में माँ-बाप का झुलसना।
एक-दूसरे के लिए एक साथ होकर चलना।
दीया-बाती के जैसे जलना और रोशनी फैलाना।
अपने लिए ही जिए तो क्या ख़ाक जिए यारो।
किसी से अपनी थोड़ी ख़ुशियाँ बाँटकर देखो।
देने में जो सुख है, वह लेने में नहीं लोगो।
हर किसी का दिल इस सोच से सराबोर नहीं होता।
किसी के ज़ख्म पर मरहम लगाना है बड़ी बात।
ख़ुद पर दर्द झेलना और दूसरों को हँसाना।
किसी के काम आना, हर किसी के बस का नहीं।
यह वह लोग हैं, जिन्हें ख़ुदा ने खास है बनाया।
किसी के दिल में अपने लिए जगह ऐसे ही नहीं बनता।
हर राह में विश्वास की नींव साथ लेकर चलना है पड़ता।
किसी के चोट को अपने दिल से महसूस करना।
देनी पड़ती हैं क़ुरबानियाँ बनाने को अपनी निशानियाँ।

□

मेरी दुनिया

काश, यह दुनिया भी माँ के जैसी होती।
न कोई ग़म होता, न कोई फ़िक्र होती।
हम दो क़दम चलते तो माँ हमें थाम लेती।
मेरे हर टूटे हुए सपने का सहारा होती।
लड़खड़ाऊँ तो आगे बढ़ने का हौसला देती।
गिर भी जाऊँ तो अपने हाथों से थाम लेती।
ग़लती हो तो डाँटती, फिर प्यार से समझाती।
सफर लंबा है, आसान नहीं है मंज़िल।
परेशानियों की रेखा मिटती ही नहीं।
दुनिया के अपने अफसाने बहुत हैं।
हर राह पर लग रहा है, जैसे काँटे बिछे हुए हैं।
मेरे बढ़ते हुए क़दम न जाने क्यों रुक रहे हैं।
हर तरफ़ बिगाड़ने वालों की परछाईं छिपी हुई है।
रास्ते कठिन हैं, सबकुछ मुश्किल सा है।
माँ की ममता के कुछ हिस्से से तो भरी होती।
काश, यह दुनिया भी, माँ के जैसी होती।

□

फूल

फूलों की ख़ुशबू जैसी मेरी भी दुनिया महके।
मन की बग़िया उमंग बनके हरदम दमके।
मेरे घर का गुलशन सदा ख़ुशबू से भरा रहे।
हर इनसान मेरे घर में फूल सा खिलता रहे।
फूल हों जीवन में, काँटों से कभी मिलना न हो।
फूल सी हो काया, ख़ुशबू से महके आलम सारा।
हर फूल को जैसे निखारता बाग़ का बाग़बान।
वैसे ही हमें सींचता अपनों से मिला प्यार।
फूलों को समेटकर गुलदस्ता बना लो।
अपनों के क़रीब होकर घर अपना महका लो।
कोमल हैं फूल, इन्हें कभी न मसलना प्यारो।
हर तरफ़ ख़ूबसूरत फूल खिले हों प्यारे-प्यारे।
फूलों की रानी की तरह मेरी भी ख़ुशबू फैले।
मेरी दुनिया भी बग़ीचे की तरह लहके।
फूलों की ख़ुशबू जैसी मेरी भी दुनिया महके।
मन की बग़िया उमंग बनके हरदम दमके।

□

चाहत

चाहत है मुझे, कुछ ऐसा मैं कर जाऊँ।
अपनी आकांक्षाओं का एक पेड़ लगाऊँ।
उन्नति के फूल हों, मैं ऐसी निगहबान बनूँ।
जिस पर बहार हो, पतझड़ न आए कभी।
छाँव में बैठकर नई साज़ की पहचान बनूँ।
जिसकी ख़ुशबू से मेरी रूह महके,
ऐसा एक नायाब फूल बनूँ।
चाहत है मुझे कुछ ऐसा मैं कर जाऊँ।
अपनी कामनाओं की ऊँची उड़ान भरूँ।
कुछ नया करने के जज़्बे का जुनून बनूँ।
बंदिशों की कुंडी खोल उड़ जाऊँ।
अपने अस्तित्व के नई पहचान से
ऐसा कुछ कर जाऊँ, मैं भी एक मिसाल बनूँ।
चाहत है मुझे कुछ ऐसा मैं कर जाऊँ।
क़लमकार हूँ, सबसे रूबरू हो जाऊँ।
हर जंज़ीर से निकल खुली हवा में लहराऊँ।
तोड़कर हर पहरा मैं भी पर्वत लाँघ जाऊँ।
अपने नाम के ख़ुशबू से अमिट छाप छोड़ जाऊँ।
चाहत है मुझे कुछ ऐसा मैं कर जाऊँ।
अपनी आकांक्षाओं का एक पेड़ लगाऊँ।

□

थोड़ा सा बचपना

थोड़ा सा बचपना हर किसी में होना चाहिए।
ज़िम्मेदारियों के बोझ तले दबना नहीं चाहिए।
मन को कभी इतना रूढ़िवादी न बनाओ।
इतना न कभी अपने मन को मारना सिखाओ।
सोच की गठरी को इतना कसकर न बाँधो।
दिल के कोने में जो बच्चा है, वह मुरझा जाए।
हमारे अंदर ही उसकी बलि चढ़ जाए।
जीवन को हर दिन नई ऊर्जा से जीना सीखो।
जियो ऐसे, न जाने कब ज़िंदगी की शाम हो जाए।
कटी पतंग सी इसको इधर-उधर न भटकाओ।
अपने जीवन को भूल-भुलैया सा मत बनाओ।
मन में कुछ बचपना ज़िंदा रखना चाहिए।
ज़िंदादिली का अहसास हर किसी में होना चाहिए।
मूक मूर्ति सा व्यक्तित्व कोई नहीं चाहता।
जोश व जज़्बात से हमेशा लबरेज़ होना चाहिए।
थोड़ा सा बचपना हर किसी में होना चाहिए।

□

एक कप चाय

शाम की वह चाय सारी थकान दूर कर देती है।
चाय का स्वाद मेरे होंठों की मुसकान बढ़ा देती है।
एक कप चाय सबके मुस्कराते चेहरे के साथ,
एक उन्मुख सुकून के चादर में लपेट लेती है।
चाय की चुस्की ग़र यारों के संग हो जाए।
उस शाम को ही जैसे चार चाँद लग जाए।
सुबह की चाय उल्लास का आगाज़ होती है।
शाम की चाय हमें पुर सुकून कर देती है।
बारिश का सुरूर और हाथ में चाय का प्याला।
साथ हमारा परिवार हो एक सूत्र में बँधा।
सुबह–शाम तलबगार रहता हूँ मेरी चाय का।
चाय की महक से नशे में डूब सा जाता हूँ।
सबके साथ बैठना और चाय की चुस्की लेना।
चाय ग़र माँ के हाथों से बनी हो तो क्या बात है।
वह चाय चाय नहीं, मेरे लिए अमृत बन जाती है।
शाम की वह चाय सारी थकान दूर कर देती है।

□

हारमोनियम

हारमोनियम से अपना सुर–ताल मिला लो।
इसकी धुन के जैसा अपना संसार बना लो।
दिल के पोर में घुस जाती है वादन इसकी।
मन को अपने आनंद–विभोर कर लो।
उँगलियाँ नृत्य सी करती हैं इस पर।
ऊपर–नीचे होतीं, जैसे धड़कनों के तार।
सीखने की ललक जागी जो मन में।
इसके मधुर स्वर में अपने स्वर को मिला लूँ।
मुझे यह अपने सुरों से खींचता है लगातार।
अपने साथ समेट बहा ले जाता है बार–बार।
मेरे भी सुर मिल जाएँ जो इसके सुर से।
व्याकुल आत्मा तृप्त हो जाए इस मिलन से।
आओ, इसकी रागिनी की बारिश में नहा लो।
इसकी मधुर झनकार की बंसी तो बजा लो।
हारमोनियम से अपना सुर–ताल मिला लो।
इसकी धुन के जैसा अपना संसार बना लो।

पराया धन

पराई होकर भी हम कभी पराई हो नहीं पातीं।
मायके के एक हिस्से से कभी अलग हो नहीं पातीं।
एक हिस्सा ससुराल में तो दूसरा हमारा मायके में।
न जाने कैसे करते हैं माँ-बाप बेटी की विदाई!
आज माँ हूँ बेटी की तो यह अहसास है भारी।
कलेजे का टुकड़ा कोई कैसे अलग करता होगा!
कभी-कभी यह दस्तूर हमें रुलाता है बहुत।
दिल के हज़ारों टुकड़े कर देता है यह रिवाज़।
काश, किसी बेटी से उसका घर छुड़ाया न जाता।
मैं कैसे कहूँगी, बेटी, तुम पराया धन हो।
मुझसे यह हो न सकेगा, कोई बेटी नहीं है पराई।
बस एक नहीं, दो घरों की बन जाती हैं रानी।
जैसे यह घर आज है उसका, वैसे कल भी रहेगा।
मत कहो पराई, मत तौहीन करो उसकी।
इस घर से है उसका जन्म का नाता।
हम दूर होकर भी कभी अपनों से दूर हो नहीं पातीं।
पराई होकर भी हम कभी पराई हो नहीं पातीं।
मायके के एक हिस्से से कभी अलग हो नहीं पातीं।

□

सावन का झूला

बहुत याद आता है वह सावन का झूला।
वह पेंग मारना और सखियों के संग झूमना।
लपक-लपककर आम की कैरी का तोड़ना।
झूले के हिचकोले में मग्न हमारा तन-मन।
इतना ऊपर झूलें कि नील गगन को छू लें।
वह तीज का त्योहार, वह सजना-सँवरना।
बहुत याद आता है वह सावन का झूला।
बचपन में लगे मुझे सबसे लुभावना।
इस पेड़, कभी उस पेड़ झूले का झूलना।
झूले संग मेरी उमंगों का भी झूलना।
साथ ही मेरे पैरों का नृत्यमग्न से थिरकना।
नाचे मन-मयूरी और मन चंचल तितली सा।
कभी डाल पर बैठे पंछी संग मन का उड़ना।
मुझको भी ले चलो, मैं भी आकाश को छू लूँ।
अतरंगी सा मन, चाहे वह उड़नखटोला।
बहुत याद आता है, वह सावन का झूला।

□

उम्र

उम्र के इस पड़ाव ने बहुत कुछ सिखा दिया।
कभी बचपन, कभी जवानी, सब याद दिला दिया।
बचपन में कच्ची मिट्टी सी मन की उच्छृंखलता।
जवानी में उमंगों-तरंगों सी वो अठखेलियाँ।
धीरे-धीरे वक़्त के गर्द ने अपने अंदर समेट लिया।
उत्सुकता की नाव को लहरों ने डुबो दिया।
रेत की तरह हाथों से उम्र की रेखा फिसल गई।
हथेली की लकीरों ने सबकुछ मिटा दिया।
सबकुछ पा लिया फिर भी यहीं छूट जाना है।
यह बात बड़ी देर से अपने को समझा लिया।
पतझड़ सी ज़िंदगी में नए फूल की उम्मीद।
गर्दिशों में भी रहकर नए आकाश की तलाश।
एक ठहराव सा ज़िंदगी ने लाकर खड़ा कर दिया।
हर इच्छा की बड़े मन से समाधि बना दिया।
पाषाण के इस युग ने मुझे भी पत्थर बना दिया।
उम्र के इस पड़ाव ने बहुत कुछ सिखा दिया।

□

कला

हर कला में माहिर हमें वह इनसान बना दो।
सबको जोड़कर हमेशा के लिए रख लूँ।
किसी बात से मैं किसी को ज़ख़्मी न कर दूँ।
सूखे पेड़ को फिर से हरा-भरा बना दूँ।
किसी के दुःख को अपने साथ साझा कर लूँ।
रोते हुए मन में हँसी का दीप जला दूँ।
हर कला में माहिर हमें वह इनसान बना दो।
एक बेरंग तसवीर को अनेक रंग से भर दूँ।
मानवता की डोर सदा पकड़कर चल दूँ।
किसी के आँख के आँसू अपनी आँखों में भर लूँ।
असंभव को संभव बनाने का हुनर सीख लूँ।
हर कला में माहिर हमें वह इनसान बना दो।
हर दर्द में मुस्कराने की आदत बना लूँ।
मुस्कराकर दुःख परे करने की कोशिश कर लूँ।
अपनों के दर्द को ख़ुशियों में बदल दूँ।
हर कला में माहिर हमें वह इनसान बना दो।

□

आसमाँ की बुलंदी

आओ, आसमाँ की बुलंदियों को छू लें।
अपनी सोच की पतंग को ऊपर तक उड़ा दें।
मिट्टी हैं मिट्टी में सनकर, ख़ुद को निखार लें।
बंजर ज़मीन में भी फल उगाने का जुनून भर लें।
भूखों का पेट भरने का धरम सीख लें।
आओ, आसमाँ की बुलंदियों को छू लें।
गर हौसला हो दिल में तो हर बेड़ियों को तोड़ दें।
पैरों के दर्द को बस थोड़ा सा ही आराम दें।
कठिनाइयों से लड़ के हर दर्द को मोड़ दें।
आओ, आसमाँ की बुलंदियों को छू लें।
सपने बड़े हों तो दिल भी बड़ा कर लें।
बड़ा करना है तो अपनी सोच भी बड़ी कर लें।
उड़ते पंछियों के जैसे ऊँचाइयों को छू लें।
कोशिश से पर्वत की ऊँची शिखर को छू लें।
आओ, आसमाँ की बुलंदियों को छू लें।
अपनी सोच की पतंग को ऊपर तक उड़ा दें।

□

चूड़ियाँ

हमारी चूड़ियों को हमारी बेड़ियाँ न समझना।
मेरी चूड़ियों को मेरी बेइंतेहा ख़ुशियों से जोड़ना।
इनकी खनक से पूरे घर में संगीत सा बजना।
धीमी-धीमी खनखन की मधुर आवाज़
हमारे कानों में घुलती, जैसे रस भरी रागिनी।
हरे, नीले, लाल, पीले, सारे रंग हमें लुभाते।
सावन की हरियाली में वह हरी चूड़ियाँ पहनना।
शादी हो तो सबके हाथ में हों एक रंग की चूड़ियाँ।
कुमकुम की चूड़ियों के साथ लाल रंग की चूड़ियाँ।
सभी इठलाती सी अपनी चूड़ियों से खेलतीं।
देखकर अपनी कलाइयों पर रंग-बिरंगी चूड़ियाँ।
मन नाच उठे और सब झूम जाती थीं।
इन चूड़ियों की झनकार को हमारी शोभा ही समझना।
हमारे श्रृंगार की एक और कड़ी ही मानना।
हमारी चूड़ियों को हमारी बेड़ियाँ न समझना।
मेरी चूड़ियों को मेरी बेइंतेहा ख़ुशियों से जोड़ना।

□

तितली

छोटी सी होती है तितली की जीवन-रेखा,
फिर भी कभी उनको उदास होते नहीं देखा।
एक फूल से दूसरे फूल पर मँडराती रहतीं,
सारे रंगों का समूह अंदर भरकर चलतीं।
अपने सुंदर रूप से हम सबका मन हरतीं,
उनकी कलाकृतियाँ हमारा सम्मोहन तोड़तीं,
छोटी सी ज़िंदगी को बड़े आनंद से गुज़ारतीं।
काश, हम इनसान भी कुछ इनके जैसे ही जीते,
हर वक़्त दु:खों का बोझ उठाए न फिरते।
आँसुओं की नदियाँ यूँ ही न बहाते रहते,
छोटी सी ज़िंदगी को ख़ुशियों से बिताते।
हर क्षण को ख़ुशनुमा माहौल बनाते,
ख़ुशियों के सारे रंग में हम भी नहाते।
रंगों से सजी तितली के जैसे हम भी होते,
जीवन की छोटी रेखा से कभी न घबराते।
बेवजह जीवन का न ख़त्म करते खेला,
सजते-सँवरते, होता चारों ओर ख़ुशियों का मेला।
रेलगाड़ी की पटरी जैसी सीधी होती जीवन-रेखा।

□

माफ़ी

माफ़ी हमारे दिलों को साफ़ करती।
हमारे मन के बोझ को हलका करती।
जो यह दिल की गहराइयों से माँगी जाती।
अपने मन के आँगन को साफ़ कर जाती।
ग़लती है तो मानने में नहीं कोई बुराई।
हृदय में कटुता भर नहीं होती कभी भलाई।
प्यार–मनुहार से रिश्तों का मान रहे।
सदा आपस में मिलन का भाव रहे।
जो तुम किसी से माँग सको न माफ़ी।
फिर क्या सोच दिल किसी का किया भारी।
ग़लती का अहसास तुम्हें बड़ा बनाती।
माँगकर माफ़ी हो जाओ निःस्वार्थ।
मन न करो मलिन, यह दर्पण है व्यक्तित्व का।
संस्कारों की गरिमा से हमें जोड़कर रखती।
एक माफ़ी से अगर सब ठीक हो जाए।
नहीं कोई इससे अच्छा सुगम रास्ता यहाँ।
माफ़ी हमारे दिलों को साफ़ करती।
हमारे मन के बोझ को हलका करती।

□

ठोकर

ठोकर लगी पैरों में तो मैं डगमगा गया।
अपनी सोच की नदियों में तैरता गया।
जो ठोकर मन को लगी तो मैं हिल गया।
इधर-उधर गिरा और सकपका गया।
बादल की गरज से मैं आज डर गया।
बिजली चमकी तो मैं चौंधिया गया।
ज्वालामुखी के लावों से हर तरफ़ घिर गया।
सामने कुआँ था, फिर भी मैं प्यासा रह गया।
मेरी कश्ती तूफान के बवंडर में फँस गई।
ठोकरों ने इतना तड़पाया कि मैं गिर गया।
आँधी के थपेड़ों से सबकुछ उजड़ गया।
कँटीली झाड़ियों सा मन में सब चुभ गया।
दर्द के फफोले ऐसे मुझे जकड़ गया।
मेरे जज़्बात का मोती कुछ यूँ बिखर गया।
हाथ-पैर मेरे क़ाबू से बाहर हो गया।
मन के तख़्ती पर सब उलट-पुलट हो गया।
ठोकर लगी पैरों में तो मैं डगमगा गया।
अपनी सोच की नदियों में तैरता गया।

□

दया

ऐसे ही किसी के मन में दया का संचार नहीं होता।
रब ने जिसे चुना, उसी में विराजमान है होता।
मन के आकाश में विनम्रता की जो सीढ़ी चढ़ोगे।
कभी नीचे नहीं गिरोगे, अपने लक्ष्य पर पहुँचोगे।
दयालु मन कभी किसी के आँसू आने नहीं देता।
ख़ुद रो लेगा, पर औरों को हँसाने का हुनर उसे है होता।
छोटी-छोटी बात पर आँखों के मोती बरस जाते।
कोई गुनाह हो न जाए, किसी का दिल दुःखी हो न जाए।
उनके पारस मन में बहुत ही कोमल सा दिल है होता।
वह किसी के दर्द को बढ़ा दे, यह हो नहीं सकता।
ऐसा उनकी सोच से भी मीलों दूर है होता।
साथी के साथ मीलों का सफर तय है करता।
विनम्र हृदय में कभी नफ़रत के शोलों का अंगार नहीं होता।
मन में बुराई की माला जो गूँथता रहे।
ऐसी सोच का इस संसार में कोई स्थान नहीं होता।
ऐसे ही किसी के मन में दया का संचार नहीं होता।

□

श्वेत रंग का काला साया

आज मेरी पायल का छमकना बंद हो गया।
आज मेरे कंगन का खनकना बंद हो गया।
सारे रंगों ने मुझसे बग़ावत कर दिया।
हँसी मेरे होंठों ने मुँह में दबा दिया।
आज सारे गहनों से मेरा श्रृंगार दूर हो गया।
सफ़ेद रंग मुझे अपना सा बेरंग कर गया।
मेरे माथे की बिंदिया का चमकना बंद हो गया।
चूड़ियों को तोड़ कर मुझे भी तोड़ दिया।
मंगलसूत्र मेरा कवच, मुझसे अलग कर दिया।
दर्द पूरी ज़िंदगी का मुझसे जोड़ दिया।
पैरों का बिछुआ भी मुझसे पराया हो गया।
मेरे हाथों पर कभी मेहँदी का रंग न दिया।
मेरे पैरों को कभी लालिमा का मौक़ा न दिया।
रंगीन साड़ियों से मेरा नाता दरकिनार हो गया।
श्वेत रंग के काले साए ने मुझको डरा दिया।
रंगों की ख़ुशियों से अब मेरा रिश्ता ही ख़त्म हो गया।

□

बच्चा सा मन

आज भी थोड़ा सा मेरा बच्चा सा मन है।
उसी मासूम अल्हड़ता से भरा मेरा मन है।
मैं छोटी बच्ची हूँ, मुझे शाम का इंतज़ार है।
जब पापा आते थे, खाने की चीज़ें लाते थे।
मैं पापा की दुलारी, आवाज़ मुझे ही देते थे।
हम सारे भाई–बहन मिल–बाँटकर खाते थे।
मैं छोटी थी, मुझे सबसे ज़्यादा मिलता था।
इस लाड़–प्यार को फिर से पाने का मन है।
माँ डाँट भी दे, फिर भी हम उनके,
गले में बाँहें डालकर झूल जाते थे।
उनकी ही गोद में छुपकर बैठ जाते थे।
आज खाने का मन नहीं है, यह सुनकर,
माँ का पुचकारकर दो निवाला खिलाना।
माँ के आँचल में अपने मुँह का पोंछना।
मेरे माथे पर ले लें बोसा, यही मन की इच्छा है।
आज भी थोड़ा सा मेरा बच्चा सा मन है।

□

फ़ितरत

फ़ितरत इनसान की पहचान लो, यारो।
इन चेहरों के पीछे कई चेहरे हैं छुपे हुए।
बहुत वक़्त लग गया यह जानने में।
सबकी नीयत मेरी तरह साफ़ नहीं है।
मतलब से आजकल लोग पहचानते हैं।
कई हिस्सों में शख़्सियत को बाँट रखा है।
रिश्ते को तराज़ू में तौल दिया है।
बदनीयती से अपने सब बेच दिया है।
ज़मीर उनमें कुछ बची ही नहीं।
पल–पल यहाँ रिश्तों का ख़ून हुआ है।
ख़ून का रंग अब तो सफ़ेद हुआ है।
आपके अहसान का न कोई मोल हुआ है।
उम्र के तजुर्बे ने बहुत कुछ सिखा दिया।
ज़िंदगी संघर्षों का गोदाम है, यारो।
हर क़दम पर लूटने को बैठे हैं लोग।
बेक़दरों से बचा लो अपना मुस्तक़बिल, यारो।

□

मृत्यु शय्या

मरकर एक दिन सबको क़ब्र में जाना है।
कैसा होगा वहाँ का मंज़र, यह सोचकर
मन घबरा जाता है, असमंजस से भर जाता है।
ज़रा सा अँधेरा हो तो इनसान डर जाता है।
वहाँ घुप अँधेरी कोठरी में हाल कैसा होगा!
मेरे मालिक, तू अपनी नूर की रोशनी भर देना।
तेरा बंदा डरता है, उसे माफ़ कर देना।
मेरे गुनाहों की तख़्ती को मिटा देना।
ऐ मिट्टी के घर, मुझे अपनी ठंडक देना।
जो तुमसे कोई ख़ता की मैंने, तो दया कर देना।
अपने घर में थोड़ा आराम से पनाह दे देना।
मौत की सज़ा और अकेले होने का डर।
दो गज़ ज़मीन पर है मेरी मृत्यु शय्या।
उस छोटी सी जगह में रहना दूभर हो न जाए।
ऐ फरिश्तो, मुझ पर सख़्ती न करना।
मेरी ख़ताओं को नज़रअंदाज़ कर देना।
मिट्टी के जिस्म को मिट्टी में मिल जाना है।
अपने वजूद को सुपुर्द-ए-ख़ाक कर जाना है।

□

क़ब्र

एक दिन मेरी माँ की क़ब्र पर जाना चाहती हूँ।
वहाँ बैठकर आपको महसूस करना चाहती हूँ।
ऐ माँ, आपको पुकारना चाहती हूँ।
एक बार आपकी आवाज़ सुनना चाहती हूँ।
घंटों बैठकर आपसे बात करना चाहती हूँ।
आपके बिना कैसे रहूँ, यह पूछना चाहती हूँ।
आपके दीदार में नज़रें बिछाना चाहती हूँ।
आपकी डाँट को फिर से सुनना चाहती हूँ।
आपके सिर पर आज तेल लगाना चाहती हूँ।
आज फिर से आपके हाथ–पाँव दबाना चाहती हूँ।
आपकी गोद का अहसास फिर से पाना चाहती हूँ।
आपके बिना सब अधूरा है, आपको बताना चाहती हूँ।
आपके माथे पर बोसा लेना चाहती हूँ।
आपके क़दमों में जगह पाना चाहती हूँ।
मेरी जन्नत, मेरी जान, मेरी रूह में हो आप।
मेरे दिल में आपकी अज़ीम जगह दिखाना चाहती हूँ।
ख़ुदा इजाज़त दे मुझे, तो मैं आपको
फिर से वापस घर लाना चाहती हूँ।

□

विवशता

विवशता से भरे
तनिक हो हाथ खुले।
कुछ अपने फैसले
से रहे हम भरे।
नदियों का शोर,
चिड़ियों की चहचहाहट।
मन का सूनापन
कर दे मुझे घायल।
पापी यह दुनिया
हरदम मुझे छले।
अपनी कुछ कर-गुज़ारी
करें मुझको सबसे परे।
कुछ लोगों से नाइत्तेफ़ाक़ी,
करें मुझसे भी दूर उन्हें।
संकोच का सागर
मन में तूफ़ान ही भरे।
सबके मनुहार से
अपना ही अस्तित्व घटे।
बहुत गहरे यहाँ सब,
किस-किस को उबारें।
विवशता से परे
तनिक हो हाथ खुले।

□

भ्रम

सफर लंबा था और मैं चलता गया।
अकड़ के भेस में,
अपने मदमस्त चाल में,
एक नए आकार में।
पानी की तरह उबलता गया।
कभी ऊपर, कभी नीचे,
घट गया अस्तर,
पड़ गई ठंडक।
कुछ लोग आगे बढ़ते गए,
मैं पीछे रह गया,
ख़ुशफ़हमी में,
जीते रह गया।
हड़बड़ाहट का चोला पहनता गया,
अपने को दुनिया की,
भीड़ में छोड़,
अकेला कर गया।
समझदारी मुझसे कोसों दूर हो गई,
दुःख–दर्द का,
झमेला रहा,
निराशा मिली।
पाँव के नीचे ज़मीन रह न गई,

धरती फट गई,
मेरा अहंकार,
लुप्त हो गया।
बड़ी देर बाद भ्रम का घड़ा टूट गया,
सबकुछ बिखर,
चटक–पटक,
और नष्ट हो गया।
सफर लंबा था और मैं चलता गया।

□

जज़्बात

जज़्बात एक नदी है, उसे बह जाने दो।
जज़्बात एक फूल है, उसे महक जाने दो।
जज़्बात एक समंदर है, उसमें डूब जाने दो।
जज़्बात एक मोती है, उसे चमक जाने दो।
जज़्बात आँसुओं की धारा है, निकल जाने दो।
जज़्बात मन का सुकून है, उसमें जज़्ब हो जाने दो।
जज़्बात एक पेड़ है, उसमें फल लग जाने दो।
जज़्बात एक माला है, उसे गुँथ जाने दो।
जज़्बात हमारे दर्द का धागा है, उसे टूट जाने दो।
जज़्बात एक ख़ुशी का गागर है, उसे छलक जाने दो।
जज़्बात प्यार का रास्ता है, उसमें खो जाने दो।
जज़्बात अपनी दास्ताँ बयाँ करता है, उसे कर जाने दो।
जज़्बात अहसासों का आईना है, उससे रूबरू हो जाने दो।
जज़्बात हमारे अरमानों का ज़ख़ीरा है, उसे खुल जाने दो।
जज़्बात दिलों को जोड़ने की राह है, उसे जुड़ जाने दो।
जज़्बात रूह की गहराइयों से निकलती है, उसे बँध जाने दो।
जज़्बात उम्मीदों को जगाती है, उसमें सन जाने दो।
जज़्बात गुलिश्तों का नगर है, उसमें बस जाने दो।

□

मैं लिखती हूँ

मैं लिखती हूँ, लफ़्ज़ों से जज़्बात बिखेरती हूँ।
लफ़्ज़ों को जोड़कर अपने अहसास बयाँ करती हूँ।
लफ़्ज़ों की ताक़त से अपना मुस्तक़बिल जोड़ती हूँ।
इस क़ायनात की ख़ूबसूरती के कसीदे पढ़ती हूँ।
मेरी ख़ाली झोली भर गई लफ़्ज़ों की यह दुनिया।
मेरे होंठों पर तबस्सुम का मैं मयार बनाती हूँ।
बड़े वक़्त से सबकुछ मेरे दरमियाँ भटकता रहा,
आज इस सेहरा में फूल मैं भी खिलाती हूँ।
लफ़्ज़ों का संगम, मेरे दिल में जज़्बात का मिलन,
बड़े सुकून की चादर आज लपेटकर रखती हूँ।
लफ़्ज़ों की बारीकियाँ, लफ़्ज़ों की गहराइयाँ,
मेरे दरो-दीवार को बड़े नाज़ से सँभालती हूँ।
सोच की नदी नहीं, सोच का तो दरिया बन जाता है।
आज इस दरिया से मोती ढूँढ़कर लाती हूँ।
लफ़्ज़ों की दोस्ती हमें अपने किरदार से मिलाती,
लिखकर अपने आपको मुतमइन करती हूँ।
अपने हर पहलू से रूबरू मैं हूँ करवाती।
मन के गहरे बहाव को पन्नों पर प्यार से उतारती हूँ।
एक लंबी दूरी के बाद एक ठहराव आ गया,
अपने आप को एक मुकम्मल जगह पर देखती हूँ।

□

एक नई दिशा

एक नई दिशा की तरफ़,
मेरे बढ़ते क़दम,
चलते ही गए,
फिर लगा अभी
क्या है इतनी जल्दी ?
अभी स्वच्छंद रह लो,
मन को विचरण,
कर लेने दो,
पंख फैला लेने दो।
नदियों में तैर लो,
पेड़ों पर चढ़ जाओ,
पके फल का आनंद
थोड़ा तो उठा लो।
आगे क्या है,
कुछ पता नहीं है,
अभी से क्यों
चिंता और भय ?
ख़ुश रहो,
मुस्कराते रहो,
पल–पल जियो,
मयूर बन तुम भी नाचो।

ज़िंदगी ख़ूबसूरत है,
चार दिनों का मेला है,
ग़मों को हटाओ,
ख़ुशियों से खेलो।
एक नई दिशा की तरफ़,
स्वतंत्र होकर चलो।

□

दायित्व

ज़िम्मेदारियों के बोझ से दबता चला गया।
ज़िंदगी के हर मोड़ पर झुकता चला गया।
मेरे फर्ज़ ने मुझे कुछ इस तरह से जकड़ा,
इन बेड़ियों की गिरह में मैं बँधता चला गया।
दायित्व के दबाव में घिरता चला गया।
दायित्व पूरा करते-करते बहुत दूर आ गया।
पल-पल की ख़बर है, पर फिर भी जकड़ गया।
मुझसे वह हो गया, जो सोचा न कभी,
मेरे मन के विरुद्ध होकर भी हो गया।
हर चीज़ ने मुझको सबक़ बहुत सिखाया,
पर दर्द लेने की आदत ने मुझे पकड़ लिया।
अपने दायित्व को हमेशा सर्वोपरि रखा मैंने।
ज़ख्मों की फ़िक्र कहाँ थी (नाज़रीन),
सबकी ख़ुशी में मैं भी ख़ुश होता चला गया।
मेरे विचारों के धागे में मैं उलझता चला गया।
सबकी मुस्कराहट की बेल पर चढ़ता चला गया।
ज़िम्मेदारियों के बोझ से दबता चला गया।
ज़िंदगी के हर मोड़ पर झुकता चला गया।

□

आशावादी

आशावादी बनो, कभी निराशावादी न बनो।
वीर बनो, कभी कमज़ोर न बनो।
आशावादी हमें आत्मविश्वास से भरे।
हमारी सोच की गहराइयों से मोती को निकाले।
हमारे हर राह को मंज़िल तक पहुँचाए।
जो सोच का समंदर गहरा हो चला,
मेरे व्यवहार को सच में सींचता चला गया।
निराशावादी होकर होगा न कोई काम यहाँ पूरा।
हासिल नहीं होगी कभी तुमको कामयाबी।
सोच की बारिश को कभी सुखा न देना।
निराश मन करे दूसरे को भी घायल,
निराशा से अपने हौसले के दीये बुझा न देना।
नहीं कोई छलावा यहाँ इसके सिवा,
नीरस कर देगी यह नकारात्मकता तुम्हारी।
सत्य की राह पर चलो, सत्यवादी ही बनो।
आशावादी बनो, कभी निराशावादी न बनो।

□

मायका

मायके की देहरी, बड़ी प्यारी हम बेटियों को।
हर चीज़ ऐसे जोड़े, जैसे मन का एक कोना,
उस जगह पर छोड़ आए हम अपनी निशानियाँ।
नाम सुनते ही अपने मायके का हम बेटियों को,
न जाने कैसा जलतरंग सा बज जाता है मन में।
बचपन के दिन गुज़ारे और बड़े हुए जिस घर में,
उस घर के आँगन को कैसे भूलें हम बेटियाँ।
भाई-बहनों की अठखेलियाँ व छेड़खानियाँ,
माँ-बाप के प्यार भरे हाथ का सिर पर रखना।
मायका हमारा हमसे इस तरह से जुड़ा रहा,
जैसे एक छोटा बच्चा अपनी माँ से लिपटा रहा।
जैसे रात को इंतजार है सुबह हो जाने की,
पहुँचेंगे कब उस चौखट, यह इंतजार रहता है बेटियों को।
मायके की हर चीज़ से बड़ा लगाव रखती हैं बेटियाँ।
एक पल भी वहाँ की याद से निकलती नहीं हैं बेटियाँ।
मायके की देहरी बड़ी प्यारी हम बेटियों को।

□

प्रेम की मिसाल

प्रेम करो तो राधा–कृष्ण के जैसे।
प्रेम करो तो कृष्ण से मीरा के जैसे।
प्रेम की पवित्रता को न करो बदनाम,
प्रेम है पूजा, सम्मान करो उसका।
कहते हैं हर किसी को नसीब नहीं होता,
जिसका दिल हो सच्चा, यह वास वहीं होता।
यह वह रिश्ता है, जो दिलों को है जोड़ता,
दो दिलों को अमृत के रस सा घोलता।
प्रेम के उपवन में न दिलों को तोड़ना।
प्रेम सिर्फ प्रेम नहीं, यह रब की दुआ जैसे।
प्रेम एक पवित्र अहसास का मेला।
इस कोठरी में रहना क़िस्मत की बात है।
बंद मुट्ठी में छुपा लो अपने लकीरों जैसे,
क़िस्मत के खज़ानों में छुपा लो मोती जैसे।
दिन–रात चलती हैं घड़ी की सुइयाँ जैसे,
प्रेम की पावन लौ जला लो ज्योत के जैसे।

□

समय

बीते वक़्त ने बहुत कुछ सिखा दिया,
हम सबको अपना मोल इसने बता दिया।
समय का पहिया तो बस घूमता ही रहा,
आसपास बहुत कुछ होता चला गया।
समय ने हमारा दर्जा हमको बता दिया।
सोचने–समझने में बड़ी देर हो गई,
वक़्त निकल गया और ज़ख्म कुरेद गया।
समय ही दर्द देता है और समय ही भरता है।
यह समय किसी का न हुआ, जो इसे
जी पाया, उसी को इसने समझा दिया।
वक़्त हूँ फिर न आऊँगा, यह समझ लो,
छोड़ा मुझको तो मैं भी छोड़ जाऊँगा।
आज वक़्त ने हमें सच्चाई बता दिया।
वक़्त की चाल है बड़ी बेरहम,
जो समझ गया तो बेड़ा पार हो गया।
वक़्त के चक्रव्यूह को जो भेद गया,
उसी को सफलता की क़ीमत बता दिया।
हम सब को अपना मोल इसने बता दिया।

□

बच्चे

फूल से बच्चे आज बड़े हो गए,
मेरे साथी और मेरे सखी हो गए।
कल और आज में सब बदल गया।
सोच की रेखा जब बहुत लंबी हो गई,
मन विचलित हुआ जब किसी बात से।
बेटी ऐसे समझाती, जैसे मुझसे बड़ी हो गई,
मेर जज़्बातों को समझती और सुलझाती।
कल की बात पुरानी, आज की नई हो गई,
रात बीती और सुबह हो गई,
फूल से बच्चे आज बड़े हो गए।
बेटा दोस्त और सलाहकार बन गया,
पल भर में एक और मेरा साथी बन गया।
मैं क्या गिरूँगी, जब बच्चों ने मुझे थाम लिया,
एक दायाँ और दूसरा बायाँ हाथ बन गया।
ख़ुशक़िस्मत माँ हूँ, जो बच्चे सहारा बन गए।
मेरे आगे-पीछे ही डोलते हैं मेरी यह परछाईं।
मेरी ज़िंदगी को ख़ूबसूरत रूप दे गए,
फूल से बच्चे आज बड़े हो गए।

□

जीवनसाथी

जीवन के आखिरी साँस तक हमारी डोर बँध गई।
हाथों की लकीरों से हमारा तालमेल बन गया।
अच्छा जीवनसाथी मिलना मुक़द्दर की बात है।
दो नसीब जुड़कर एक सूत्र में बँध गया।
अपनेपन का अहसास कभी खोने नहीं दिया।
साथ चल रहे हैं, जल रहे हैं दीया-बाती की तरह।
हर फर्ज़ को निभा रहे गाड़ी के दो पहिए की तरह।
हर राह पर हमक़दम बन, चलते रहे वो साथ।
कभी दोस्त, कभी भाई, कभी पिता की दिखी झलक।
जो मोड़ आया, उसी मोड़ पर मुड़ गए मेरे साथ।
प्यार दिया, सम्मान दिया, एक अद्‌भुत व्यक्तित्व रहा।
कुछ करूँ मैं, आगे बढ़ूँ मैं, हौसला हमेशा साथ रहा।
दिल बड़ा और सोच सुंदर, ऐसा उनका मन रहा।
प्यार को पूजा और कर्म को धर्म समझा हमेशा।
इस तरह हम एक-दूसरे के सुख-दुःख से बँध गए।
जीवन के आखिरी साँस तक हमारी डोर बँध गई।

□

दर्द

दु:ख के बादल आते हैं, आते रहेंगे ज़िंदगी में।
दर्द न हो तो ख़ुशी का मोल समझते नहीं हम।
जीवन के उतार-चढ़ाव में बहुत दूर निकल गए।
बहती नदियों के उफान जैसा है सब यहाँ।
कभी ऊपर, कभी नीचे, कच्ची डोरियाँ ज़िंदगी कीं।
टूट गए दिलों के हौसले, तो दर्द कैसे सँभालोगे।
दर्द को इतना दर्द दो कि उसके हौसले हों पस्त।
मुसकराना हर हाल में, हर पल में डटे रहना।
दर्द का नाता जीवन की विडंबना है ज़िंदगी में।
दर्द सहने की आदत को कभी न अपनाना।
जितना दर्द लोगे, उतना ही तुम तड़पोगे।
सिसकते हुए लम्हों में सबकुछ गँवा बैठे।
समेट लो सबकुछ इस दर्द की तरह।
बहुत कुछ सिखा जाते हैं ये दु:खों के बवंडर।
परिपक्व हुआ इनसान तभी, जब अग्नि में कूदा।
सबकुछ कहाँ आसान है, इस बेवफा ज़िंदगी में।

□

बचपन

बचपन की वो गलियाँ मेरे आस-पास नहीं हैं।
बरसात के पानी में काग़ज़ की नाव का तैराना।
पेड़ों से तोड़कर कच्ची कैरी को छीनकर खाना।
सावन के झूलों में पेंगे मारकर झूले का झूलना।
वो मासूमियत, वो अल्हड़ता, अब मेरे आस-पास नहीं है।
वह मस्त मौला सी ज़िंदगी, वह उदारता।
स्कूल से आकर खेलना और बस खेलते ही रहना।
सब खो गया इस चकाचौंध से जीवन में।
वह कटी पतंग के पीछे दौड़ने का दौर मेरे आस-पास नहीं है।
मिट्टी का घर बनाते, तमाम रंगों से सजाते।
कोई मेरे मन को भी रँग दो उस बचपन के रंग से।
लौटा दो वह पल, बदहवास सी ख़्वाहिशें।
बारिश में भीगना और बादल में इंद्रधनुष के रंग ढूँढ़ना।
मन के गलियारे में क़ैद वह पल, मेरे आस-पास नहीं है।
माँ का मनुहार और पिता का वात्सल्य भरा दुलार।
बचपन की वो गलियाँ मेरे आस-पास नहीं हैं।

□

उपवन

धरती का कण-कण सुंदर उपवन जैसा।
मनमुग्ध हुआ सवार फूलों की कश्ती पर जैसा।
मधुर रागिनी की धुन जैसी लुभावनी दुनिया।
मंद-मंद मुसकाती, फूलों की सुंदरता गुलाबी।
मेरे मन को मग्न करती यह सुगंध भोर जैसा।
भीनी-भीनी सी सोंधी-सोंधी सी ज़िंदगी।
भर देगा मेरा आँचल श्रृंगार रूपी पुष्प से।
हर घर में हो एक हितकर, बाग़ के माली जैसा।
सँवार दे घर के उपवन फूलों से सुसज्जित करके।
बहारें ज़िंदगी में सारे रंग फूलों सा हो।
महकी हुई ख़ुशबू से निखर जाए सब।
जीवन के हर रास्ते हों हरे-भरे बाग़ों जैसा।
मन मोह ले जो सबका ऐसा हो वो नज़ारा।
सुंदरता मेरे मन में बसी चंचल हिरनी के जैसी।
धरती का कण-कण सुंदर उपवन जैसा।
मनमुग्ध हुआ सवार फूलों की कश्ती पर जैसा।

□

आग

आग फैली हर तरफ़ है,
नफ़रत की हो या लौ अंगार की।
हर सीने में धधकती क्यों है,
ज्योत जलाओ तो प्रेम की।
किसी से जलने में क्या मज़ा!
आग मन में अच्छे विचारों का हो,
दिल में हर पल सुंदर बिछौना हो।
आग में धधककर आग बन जाना,
कुछ मिलता नहीं राख के सिवा।
मिट्टी हो, मिट्टी में मिल जाना है,
बहुतों को देखा, इसमें तबाह हो गए।
आग की लपटों में यूँ ही झुलस गए।
नफ़रत की आग है, बड़ी बेरहम।
दिलों में कर देती है दूरी बेइंतेहा।
ग़ुरूर किस बात का, सब मिट जाना है।
कोई तो फैला दो, अनंत प्रेम हर तरफ़ है।

□

सपने

जब से माँ आप मुझसे दूर चली गईं,
अब मैं आपसे सपनों में मिलती हूँ।
कुछ सपने बड़े सुहाने, लुभावने होते हैं,
कुछ डराते हैं, जैसे काले सायों के घेरे हों।
आपसे मिलने की ऐसी छटपटाहट है,
जब से माँ आप मुझसे दूर चली गईं।
हर दिन ख़ुदा से कहती हूँ, सपने मुझे दिखाए,
मेरी माँ को मुझसे अब ऐसे ही मिलाए।
यह बेटी अपनी माँ को बहुत याद करती है,
माँ से सपने में बहुत बात करती है।
जब से माँ आप मुझसे दूर चली गईं,
उनके नूरानी चेहरे का दीदार करती हूँ।
सपनों में अपने हाथ से उन्हें खाना खिलाती हूँ,
उनके गोद में सिर रख बच्ची सी बन जाती हूँ।
ओ माँ, मेरे सपनों से कभी दूर न जाना,
जैसे आज आप मेरी दुनिया से चली गईं।

□

सुकून

सुकून एक पल का रह न गया,
दिलों में सब्र का अहसास रह न गया।
दुनिया में सबकुछ पाने की जल्दबाज़ी,
एक–दूसरे से आगे होने की कारस्तानी,
सुकून का दो पहर भी पास रह न गया।
दिल बंजर, घर ख़ाली मकान हो गया,
बेताबी के आलम में बेख़ुदी रह न गया।
सब्र का पैमाना सबका ख़ाली हो गया।
दिखावे की दुनिया में सब बेमानी हो गया,
सुकून का बिस्तर अब रह न गया।
मीलों का सफर पल में तय करने की हसरत,
अपने ही बुने जाल में उलझा है मन,
मीठी लोरियों का भी असर रह न गया।
इतनी बेचैनी क्यों है हर तरफ़ (नाज़रीन),
सारी फिज़ाओं में कुछ अजीब सी रंजिशें,
मन का कोना अब चुपचाप रह न गया।
सुकून एक पल का रह न गया,
दिलों में सब्र का अहसास रह न गया।

□

विवाह

एक चंचल परी अब बड़ी हो गई,
सारे सपनों को छोड़ आगे बढ़ गई,
विवाह के बंधन में अचानक बँध गई।
इधर–उधर उछलती, पूरे घर में इठलाती,
ठिठक गई, शांत हुई, रस्मों में बँध गई।
अपनी पलकों के मोती छुपाती गई,
अपने दर्द को अंदर समेटती गई,
नए किरदार से रूबरू हो गई,
नए बसेरा में ख़ुद को बसाने गई।
हर दर्द से कल तक थी अनजान,
आज दर्द सहना वह सीख गई।
ज़िम्मेदारियों का अहसास न था ज़रा,
आज ज़िम्मेदारियाँ निभाना सीख गई।
अपनी ख़ुशियों से दूर होती गई,
सारे रिवाज़ों में ख़ुद को फँसाती गई,
नए बंधन के धागों में उलझती गई,
घर–संसार को सँवारने में रमती गई,
एक चंचल परी आज बड़ी हो गई।

□

माँ से जुदाई

दूर आसमाँ में छुप गई हो, माँ।
मुझसे दूर क्यों हो गई हो, माँ?
सबकुछ है, आप नहीं हो, माँ।
बेरंग हुई ज़िंदगी, सब खो गया, माँ।
आपसे जुदाई ऐसे हो गई, माँ।
हर पल दर्द के सागर में हूँ, माँ।
एक टीस मुझे झकझोरती रहती है, माँ।
एक नज़र देखने को बेताब हूँ, माँ।
बेचैन मन हर वक़्त बेक़रार है, माँ।
आवाज़ कब से आपकी सुनी नहीं, माँ।
आप तक पहुँचना मुश्किल है, माँ।
आप माँग लो इजाज़त ख़ुदा से, माँ।
आ जाओ मिलने एक बार तो, माँ।
क्या मेरे जज़्बात से अनजान हो, माँ?
इतनी अजनबी क्यों हो गई हो, माँ?
दूरियाँ इतनी क्यों बना गई हो, माँ?
दूर आसमाँ में छिप गई हो, माँ।
मुझसे दूर क्यों हो गई हो, माँ?

□

विद्यालय का प्रांगण

विद्यालय का प्रांगण मेरे मन में ऐसे बसा हुआ,
सुगंध उस मिट्टी की मेरे रोम-रोम में भरा हुआ।
तड़के सुबह जल्दी उठते, सारे काम निपटाते,
समय पर विद्यालय के प्रांगण में पहुँचते।
आते जब विद्यालय से, कपड़े अपने बदलते,
हाथ-मुँह धोकर, माँ के हाथ का खाना खाते।
विद्यालय का प्रांगण मेरे मन में ऐसे बसा हुआ,
चारों ओर उसकी यादों का पहरा बना हुआ।
सादे कपड़े, सादा बस्ता, सीधा डगर अपनाते,
मित्रों के संग उछलते-कूदते विद्यालय हम जाते।
अपनी कक्षा सबसे सुंदर, ऐसा हम नित्य सोचते,
भोजन के लिए घंटी बजने से आनंदित हम होते।
विद्यालय का वार्षिकोत्सव मेरी उमंगों में रंग भरते,
सबसे आगे-आगे रहती मेरे नाम को जब पुकारते।
नृत्य करते, गीत गाते, नाटक का किरदार निभाते,
अपनी नृत्य-कलाओं से सबके मन को हरषाते।
विद्यालय का प्रांगण मेरे मन में ऐसे बसा हुआ।
सुगंध उस मिट्टी की मेरे रोम-रोम में भरा हुआ।

□

हौसला

उम्मीद की कभी
तो सुबह होगी,
यह सोचकर—
चलते रहना, कभी रुकना नहीं,
मन में संचय भरना नहीं।

ताक़त—
अपनी भुजाओं की
दिखा दो, कुछ कर जाओ।

फिक्र—
आती है, जाती है
बदलते वक़्त के साथ।

धार—
न हो तो तलवार भी बेकार,
मन न हो तो काम भी ख़राब।

तूफान—
से लड़ो, बनोगे तभी बलवीर,
नहीं तो रह जाओगे कीट।

हँसती है—

दुनिया तो हँसने दो,

रुलाती है तो रुलाने दो।

मक़सद—

अपने जीवन का कभी छोड़ना नहीं,

अपने निशाने से कभी चूकना नहीं।

□

फिर से

फिर से क़लम उठाए फिरती हूँ मैं,
वक़्त पुराना आज लेकर चलती हूँ मैं।
अलग ही ख़ुशबू से मन नहाया हुआ,
नई राह पर पंख फैलाए हुए,
उम्मीद की पोटली भरे रहती हूँ मैं,
अपने मन में ग़ोते लगाती हूँ मैं।
एक अलग ही अहसास में डूबी हुई,
अपने वज़ूद को महसूस करती हुई,
फिर से आज डायरी भरती हूँ मैं,
क़लम से अपनी कहानी बताती हूँ मैं।
कुछ करने की ख़ुशी महसूस करते हुए,
घंटों अपनी सोच को आयाम देते हुए,
एक नए सफर पर चलती हूँ मैं,
ख़ुद लिखकर नदियाँ बहाती हूँ मैं।
हाथों को अपने क़लम पकड़ाते हुए,
लफ़्ज़ों से मुस्कराकर खेलते हुए,
आज एक नई दुनिया में रहती हूँ मैं,
फिर से पुस्तकें उठाए फिरती हूँ मैं।

□

नारी-समाज की गरिमा

नारी हमारे समाज की गरिमा,
हम सबके वात्सल्य की सरिता।
जिस घर में ख़ुशहाल है नारी,
वह घर हरे-भरे उपवन जैसा।
न करना उपेक्षा, न करना निरादर,
इनसे ही हमारा संसार है पूरा।
नारी के किरदार अनगिनत,
हर रूप में सशक्त गौरवशाली।
माथे की बिंदी ललाट पर,
उनकी स्वाभिमानी छवि निखारता।
माँ है तो दुनिया हमारी बलशाली,
पत्नी बन चलती सुख-दुःख की साथी।
हर रिश्ते की पहचान कराती,
शीतल, कोमल और शक्तिशाली।
नारी हमारे समाज की गरिमा,
हम सबके वात्सल्य की सरिता।

□

धुआँ-धुआँ

आजकल हर जगह धुआँ-धुआँ है।
कहीं साँसों में घुस रही है,
कहीं संबंधों को तोड़ रही है,
सबकुछ धुँधला-धुँधला सा है,
धुएँ का ग़ुबार बहुत है,
आजकल हर जगह धुआँ-धुआँ है।

कहीं नफ़रत की आँधी चल रही है,
कहीं मनमुटाव का टकराव बहुत है,
धुएँ के घेरे में चेहरे पर नक़ाब बहुत है,
आसपास काले सायों सा अंबार बहुत है,
घुटन सी हो रही है साँसों में अनवरत,
आजकल हर जगह धुआँ-धुआँ है।

□

एक झप्पी प्यार की

एक झप्पी प्यार की किसी को देकर तो देखो,
जादू इसके असर का महसूस करके तो देखो।
बुझते हुए दीये को जलाकर तो देखो,
मरते हुए को पानी पिलाकर तो देखो।
डूबते हुए को बचाकर तो देखो,
भटके हुए मुसाफिर को पता बताकर तो देखो।
ग़रीब के हाथ में थोड़ी ख़ुशियाँ रखकर तो देखो,
माँ के आँसू अपने हाथ में थामकर तो देखो।
अपने हुनर की सबसे पहचान कराकर तो देखो,
अपने क़िरदार को तराज़ू में तौलकर तो देखो।
बुराई को छोड़, सच्चाई अपनाकर तो देखो,
मन के ज़खीरे को ईमान से भरकर तो देखो।
दिल को जो ख़ुश करे, वो नेक काम करके तो देखो,
किसी के ग़म अपने सीने से लगाकर तो देखो।
सुकून के बारिश में नहाकर तो देखो,
रेगिस्तान में पानी जैसी झप्पी देकर तो देखो।
टूटे हुए मन के दरार भरकर तो देखो,
एक झप्पी प्यार की किसी को देकर तो देखो।

□

हमारी दिल्ली

हमारी दिल्ली है दिलवालों का शहर।
हरी–भरी सुंदर लगती सबको हर पहर।
बड़ी–बड़ी इमारतें और चौड़ी–चौड़ी सड़कें,
साफ–साफ चमकती और हमें हरषाती।
इंडिया गेट, लाल क़िला, क़ुतुब मीनार, लोटस टेंपल,
और बहुत स्थित हैं यहाँ, ये हमारी अनमोल धरोहर।
शहरों में शहर है दिल्ली, इसकी शान निराली।
भ्रमण करने आते हैं, जो उनको लगती लुभावनी।
प्रेम से, सहयोग से सबके दिल को जीत लेती।
15 अगस्त, 26 जनवरी पर जगमगाती है दिल्ली।
हमारे देश के आलाकमान अपना राज यहाँ से चलाते।
राजधानी है भारत की, यह मान हमें गर्वित कर देती।
संस्कारों से, मानवता से एक सूत्र में है बँधी।
दिल में सबके बसती है, ऐसी हमारी है दिल्ली।
हमारी दिल्ली, हमारी जान, हमको सबसे प्यारी।
मन में तरंग भर जाती है, ऐसी अलबेली हर सहर।
हमारी दिल्ली है दिलवालों का शहर।

□

फूलों का शहर

फूलों की महक मेरे रूह को इस क़दर महका गया।
मैं खो गई इस गुलशन में, जहाँ फूलों का शहर हो गया।
इंतेहा मेरी ख़ुशी की मेरे चमन को रोशन कर गया।
चुपके से खुद को भौंरा फूलों की रंगत में डुबा गया।
सूरज की तपिश से फूल ज़रा कुम्हला गया।
आई बारिश की फुहार तो फूलों का शहर खिल गया।
आशियाँ अपना फूलों की इत्र में सराबोर हो गया।
टिमटिमाते जुगनू की चमक से रात का अँधेरा मिट गया।
चाँदनी रात में चाँद का निखरना हमको मदहोश कर गया।
हर शय फूलों की ख़ुशबू से लाजवाब हो गया।
धड़कनें मेरे दिल में कुछ अलग जज़्बात भर गया।
फूलों के शहर में मेरा भी रह-बसर हो गया।
अहसासों में एक नई उम्मीद का फूल खिल गया।
अपने से इतराने का एक प्यारा बहाना मिल गया।
फूलों की महक मेरे रूह को इस क़दर महका गया।
मैं खो गई इस गुलशन में, जहाँ फूलों का शहर हो गया।

□□□